KB091434

THE
SPATIAL WEB
공간 웹

THE
SPATIAL WEB
공간 웹

웹 3.0 시대의 기술이
삶, 비즈니스, 사회에 미치는 영향

심주연 옮김 가브리엘 르네 · 댄 메이프스 지음

i!i
에이콘

에이콘출판의 기틀을 마련하신 故 정완재 선생님 (1935-2004)

미래의 모든 세대에게 이 책을 바칩니다.

추천의 글

잃어버린 열쇠를 찾는 일은 정말 싫지 않은가? 조금 전만 해도 괜찮았던 일상은 영화 〈레이더스Raiders of the Lost Ark〉의 인디애나 존스가 방주를 찾듯 열쇠를 찾으려고 온 집안을 들쑤시며 짜증스럽게 바뀌고 말 것이다. 미국 인은 엉뚱한 데 둔 물건(리모컨은 도대체 어디에 있을까?)을 찾느라 1년 중 2.5일을 허비한다. 또한 잃어버린 필수품(이제는 돋보기안경을 한 다스씩 사 들인다)을 대체하는 비용으로 연간 27억 달러를 쓴다.

인간은 물건을 자주 잃어버린다. 항공사는 연간 3백 50만 개의 수화물을 분실한다. 화물선은 매년 500억 달러에 달하는 1,000개 이상의 컨테이 너를 분실한다. 열쇠와 안경, 화물은 모두 쉽게 대체할 수 있다. 그렇다면 지식과 같은 높은 가치를 지닌 중요한 것을 잃어버린다면 어떻게 될까?

세계적인 배움의 중심이 되겠다는 목표로 1820년 설립된 앨라배마 대 학교The University of Alabama는 남북전쟁 발발 전까지 미국 내 가장 많은 서적 을 보유한 곳이었다. 남북전쟁으로 불에 타버린 후, 이 학교에는 한 권 의 책만 남아 있었다. 다시 말하지만, 인간은 잃어버리는 데 참으로 능숙 하다. 기원전 331년, 그리스인의 파피루스 두루마리 서적을 소장했던 이 집트의 알렉산드리아Alexandria 도서관은 세계에서 가장 거대한 지적 보고 였으나, 이제는 사라져서 흔적을 찾아볼 수 없다. 12세기, 무슬림은 인도 의 700년 역사를 지닌 날란다Nalanda 도서관을 불태웠다. 백 년 후, 몽골인 은 바그다드의 지혜의 집the Abbasid Caliphates House of Wisdom을 훼손했다. 스페 인 침략자는 신세계[1]에서 마야 문자를 파괴했다. 다시 배우려면 몇 세기 가 걸릴 정도의 값을 매길 수 없을 만큼 귀중한 지식의 상실은 삶을 단축 시키고 진보를 방해한다.

---

1 New World. 아스텍, 잉카, 마야 문명을 말한다. - 옮긴이

과학 지식의 상실은 문명을 몇 세기 전으로 되돌리지만, 이는 인간의 정체성 상실에 비한다면 무색할 정도다. '나는 누구인가?'라는 물음은 가장 실존적인 질문으로 꼽힐 것이다. 21세기에 들어서면서 내가 누구인지 입증하기가 더욱 어려워졌다. 신원 도용으로 연간 160억 달러 이상의 비용이 발생하고, 수백만 명의 사람들이 자신이 누구인지, 어디에서 왔는지, 무엇을 소유했는지 등을 증명하지 못한다. 전쟁 발발과 정권 교체로 전 세계 6천 8백만 명 이상의 인구가 설 자리를 잃었다.

정부 기록이 파기되면 토지나 자산의 소유권이 손실돼 이를 입증할 수가 없다. 법원은 제2차 세계 대전 때 도난된 예술 작품과 재산의 소유권 분쟁을 해결하려 여전히 노력 중이다. 오늘날 난민의 수는 제2차 세계 대전 이후보다 훨씬 많으며, 무국적stateless 인구 역시 기하급수적으로 증가하고 있다. 기후 변화로 갠지스강, 메콩강, 나일강, 델타 삼각지가 범람하고, 또 다른 2억 3천 5백만 명의 사람들이 살 곳을 잃을 것이다. 유엔UN은 2050년까지 실향민의 수가 전 세계적으로 10억 명에 달할 것으로 예상한다. 그러나 다행히도 기술은 이러한 연패의 늪에 빠진 인류를 구할 수 있다.

유실된 화물, 잃어버린 지식, 손상된 데이터는 모든 비즈니스와 국가, 경제가 직면한 글로벌 이슈다. 공간 웹은 이러한 문제를 쉽게 해결할 뿐만 아니라, 새로운 인사이트와 데이터를 제공해 디지털 세계와 물질 세계를 하나의 우주로 연결하는 컴퓨팅의 4차 트랜스포메이션에 기여할 것이다. 새로운 공간 웹의 영향력 앞에서 인터넷의 영향력은 왜소해 보일 것이며 우리가 살아가고, 일하고, 번영하는 방식도 바뀔 것이다.

불과 수십 년 전, 퍼스널 컴퓨터는 인류를 지능형 기계에 연결하는 방식으로 최초의 디지털 트랜스포메이션을 주도했다. 인터넷은 개개인을 모든 지식 소스와 연결하는 방식으로 두 번째 디지털 물결을 일으켰다. 모바일은 개인과 수십억 명의 다른 사람을 연결하는 방식으로 이러한 연결을 더욱 확장했다. 퍼스널 컴퓨터와 인터넷, 모바일은 우리 삶의 방식을 바꾼 변혁적 기술이었다. 그러나 세 가지 모두 2차원 디지털 평면에서 작동하도록 제한돼 있다.

2시간 분량의 영화를 3.6초 만에 다운로드하는 5G의 놀라운 데이터 속도와 에지 컴퓨팅의 힘을 활용해 사람들은 실제 세상에 증강 현실^AR 안경 같은 웨어러블과 실용 데이터를 결합할 수 있을 것이다. 1조 이상의 사물 인터넷^IoT 센서의 실시간 데이터를 사용하는 인공 지능을 한 층 추가하면서, 우리의 삶은 지식을 검색하는 구글링에서 우리의 니즈를 예측하는 환경으로 바뀔 것이다.

스마트워치는 당신의 호흡, 체온 등을 측정한 바이탈 사인을 모니터링하며 당신이 속한 집단 내 다른 모든 신호와 비교해 당신이 심장마비가 올 것을 알아차리기도 전에 자율 주행 자동차로 당신을 병원에 데려갈 것이다. 이와 동시에 당신의 담당 의사는 이 내용을 통보받고 응급실 스태프에게 맞춤형 지침을 내릴 수 있다. 스마트 도시는 우선순위를 정하고 경로에서 교통 체증 구간을 배제해 가장 짧은 주행 시간을 보장할 수 있다. 병원의 모든 의료 절차는 당신의 블록체인^blockchain 기반의 병력에 불변하는 기록으로 남는다. 공간 웹은 우수한 치료 결과를 제공하는 한편, 미국의 의료 비용을 절반으로 줄일 수 있다. 실제로, 현재 의료 비용의 85%가 심장병과 당뇨병에 의해 발생하는데, AI와 웨어러블은 이러한 질환의 예방 차원에서 주기적으로 검진을 받는 환자 관리에 더욱 적합하다. 공간 웹은 의사의 진료, 검사 및 절차를 간소화하고 처방전의 청구 비용을 줄일 수 있는 열쇠를 쥐고 있다. 건강 관리 사례는 공간 웹 컴퓨팅의 사소한 예시에 불과하다.

디지털 공급망은 창고와 매장의 센서와 완벽하게 연결된다. 매장 진열대에 재고가 부족하면 창고에 제품을 주문한다. 적시 생산 방식^just-in-time은 개인 주문에 따라 맞춤형 제품을 문 앞까지 배송할 수 있다. 정비 직원은 건물 내 가상의 화살표를 따라가 수리가 필요한 시설을 찾을 수 있다. 백화점 내 모든 마네킹을 당신의 신체 치수에 맞출 수 있고 이전에 구매한 의류 아이템에 어울리는 최신 패션 액세서리를 추천해 보여주기도 한다. 주택을 구입하면 미래의 집 안에 가상으로 들어가 기존의 가구가 새로운 집에 잘 어울리는지 확인할 수 있다. 각 방과 창문의 정확한 치수를 알아내 카펫과 커튼 등 창문 장식을 미리 볼 수도 있다. 디지털 상품에는 특정 지리적 위치에 라이선스license가 부여되며 AI 스마트 계약[2]으로 새로운 상품 및 서비스의 소액 결제가 가능하다. 수조 달러의 가치를 지닌 새로운 회사와 혁신 제품이 일상의 질을 높일 것이다.

공간 웹은 우리 삶을 향상시킬 커다란 가능성을 지녔다. 미래에 투자하고 이를 받아들이는 데 실패한 회사들은 코닥Kodak과 블록버스터Blockbuster의 전철을 밟게 될 것이다. 구글, 아마존, 페이스북, 애플과 같은 회사는 일찍이 공간 웹 활용에 필요한 도구와 플랫폼을 제공하는 데 수십억 달러를 투자했다. 미래로 나아갈 차세대 공간 앱과 서비스를 만드는 일은 기업가에게 달렸다. 이 책의 저자인 가브리엘 르네Gabriel Rene와 댄 메이프스Dan Mapes는 누구보다 먼저 새로운 길을 찾아 떠났던 선구자인 루이스와 클라크[3]라 할 수 있다. 그리고 이 글을 읽는 여러분은 개인적 발견에 필요한 그들의 지도를 이미 손에 쥐고 있는 것이나 마찬가지다.

— **제이 새밋**(Jay Samit)
딜로이트(Deloitte)의 전 부회장,
『부의 추월이 일어나는 파괴적 혁신』(한국경제신문, 2013)의 저자

---

2 smart contract. 블록체인을 기반으로 거래의 일정 조건이 충족되면 당사자 간 거래가 자동으로 체결된다. – 옮긴이
3 Lewis and Clark. 메리웨더 루이스와 윌리엄 클라크는 1804년~1806년에 미국 대통령 토머스 제퍼슨의 지시로 서부 지역 횡단 경로를 찾는 탐험을 했다. – 옮긴이

옮긴이 소개

심주연(joo.shim@gmail.com)

서강대학교에서 경영학과 중국문화학을 전공했으며 졸업 후에는 기획, IR, 홍보 분야에서 다양한 경험을 쌓았다. 중국 칭화대에서 교환학생으로 지냈고, 캐나다와 독일에 살면서 여러 언어와 문화를 배웠다. 역서로 『콘텐츠 어드밴티지2/e』(에이콘, 2019)이 있다.

옮긴이의 말

우리는 3차원 세계에 살고 있다. 하지만 웹은 PC나 노트북, 태블릿, 스마트 폰 등의 2차원 평면 스크린에 존재한다. 우리는 납작한 평면 스크린을 들여다보며 정보를 공유해왔다. 오늘날 우리가 실제로 생활하는 물리적 세계와 디지털 세계의 경계가 점차 사라지면서 새로운 웹 환경의 필요성이 제기되고 있다.

가장 성공적인 증강 현실^AR 게임으로 꼽히는 〈포켓몬 고〉가 AR의 새로운 가능성을 열면서 다양한 분야에서 AR 기술을 시도 중이다. 코스메틱 브랜드 맥^MAC 코리아는 실시간으로 립스틱 발색을 체험할 수 있는 '유튜브 AR 트라이온' 기술을 아시아 최초로 선보였다. 콘텐츠 재생 중 마음에 드는 립스틱을 클릭하면 공식 홈페이지로 연결돼 구매할 수 있다. 기아^KIA 는 국내 자동차 기업 최초로 비대면 고객 체험 앱인 '기아 플레이 AR'을 론칭했다. 차량의 외관 디자인부터 내부까지 가상 공간에서 경험하고 스마트폰이나 태블릿으로 빈 곳을 비추면 실물 크기로 소환된 신형 자동차를 자세히 들여다볼 수 있는 앱이다. 립스틱에서 자동차까지 오프라인 매장을 직접 방문해 테스트해보지 않아도 디지털로 경험할 수 있는 새로운 창구가 열렸다.

최근 15억 달러 규모의 비트코인을 매입한 테슬라^Tesla는 글로벌 주요 자동차 업계 최초로 가상 화폐를 결제 수단으로 인정한다는 입장을 밝혔다. 3억 5천만 명의 이용자를 보유한 세계 최대 온라인 결제 기업인 페이팔 ^PayPal은 미국인을 대상으로 비트코인, 이더리움, 라이트코인 등 암호 화폐를 거래하고 결제하는 서비스를 제공한다. 디지털 화폐로 자동차 등 실제 자산을 마련할 수 있으며 더 나아가 가상 화폐가 일상적인 결제 수단이 될 수 있다는 전망도 나왔다.

"세상을 바꿀 잠재력은 비트코인이 아니라 웹 3.0에 있다." 미국 월스트리트 출신의 암호 화폐 투자사 갤럭시 디지털^{Galaxy Digital} CEO 마이클 노보그라츠^{Michael Novogratz}에 따르면 인터넷 환경을 탈중앙화하는 웹 3.0이 진정한 변화를 불러일으킨다. 웹 3.0 시대에 접어들면서 실제 세계와 디지털 세계를 연결할 수 있는 새로운 웹 환경이 필요하다.

이 책은 세상을 바꾸는 혁명적 역할을 할 웹 3.0 시대에 필수적인 웹 환경, 즉 공간 웹을 이해하기 위한 것이다. 웹의 진화 과정부터 웹 3.0에 이르기까지 그리고 공간 웹이 필연적으로 나타날 수밖에 없는 이유를 설득력 있게 풀어낸다. 또한 공간 웹을 형성하는 블록체인, 가상 현실^{VR}, 증강 현실^{AR}, 사물 인터넷^{IoT}, 인공 지능^{AI} 기술과 그 컨버전스를 적절한 예시를 들어 다루고 있다. 공간 웹이 어떻게 물리적 세계를 디지털화하고 디지털 세계를 실제 세계로 가져올 수 있는지 그리고 두 세계를 어떻게 구현하고 상호 작용하는지를 확인하는 흥미진진한 여정이 시작될 것이다. 그뿐만 아니라 개인 정보 보호 등 윤리적 문제를 비롯해 우리 삶을 디지털화하는 의미와 그에 따른 위협 요소도 함께 다루며 생각의 폭을 넓힐 수 있게 도와준다. 두 저자의 설명을 따라가다 보면 여러분은 어느새 2차원 웹페이지에서 벗어나 새로운 3차원 공간 웹 세계를 발견할 수 있을 것이다.

마지막으로, 좋은 기회를 주신 권성준 대표이사님, 저자의 지식을 옮기는 데 주력할 수 있도록 따뜻한 배려를 해주신 에이콘의 모든 분께 진심으로 감사드린다.

지은이 소개

가브리엘 르네Gabriel René

핀테크, 모바일, 공간 컴퓨팅 마켓의 이머징 테크놀로지 전문 기술, 통신 및 미디어 분야에 25년 동안 종사해온 기술 전문가이며 연구원이자 기업가다. 공간 웹의 오픈소스 표준을 개발하는 비영리 단체인 버세스VERSES 재단의 상임이사로 재임 중이다. 미국전기전자학회IEEE 자율 지능 시스템 윤리 인증 프로그램ECPAIS, Ethics Certification Program for Autonomous and Intelligent System 의 창립 멤버이자 가상 증강 현실 산업협회VRARA, the Virtual Reality Augmented Reality Association의 글로벌 이사회 멤버로 활동 중이다. 여가를 활용해 타문화의 철학, 신화, 사회학, 사이버 기호학 등을 연구한다. 음악 작곡을 즐기는 문화애호가이기도 하다. 현재 캘리포니아 LA에서 아내 마리암과 함께 살고 있다.

댄 메이프스Dan Mapes

30년 이상 기술과 엔터테인먼트를 접목해온 기업가이며 발명가이자 투자자다. 버세스 재단의 이사장으로 공간 웹의 개발 및 운영에 사용될 기술을 만드는 고급 컴퓨팅 프로젝트를 지휘하고 있다. UN, UNDP, UNESCO, APEC, 노벨 위원회, 고르바초프 재단, 오바마 캠페인 등과 함께 프로젝트를 이끌었다. 또한 세계 각국 정부의 기술 고문을 담당하고 있다. 명상, 요가, 피크 퍼포먼스와 지속 가능성에 깊은 관심이 있다. 현재 LA에 거주 중이며 산타바바라에 영속농업permaculture 농장을 보유하고 있다.

지은이의 말

플랫랜드에서 스페이스랜드로

1884년 영국의 교육자 에드윈 애벗^{Edwin A. Abbot}은 가상의 2차원 세계 플랫랜드^{Flatland}에 사는 스퀘어^{Square}가 3차원 세계 스페이스랜드^{Spaceland}의 스피어^{Sphere}를 만나면서 3차원 실체를 처음으로 접하는 이야기의 풍자 소설을 썼다. 이 유명한 이야기는 100년 이상 많은 사람 사이에 널리 회자되고 있다. 칼 세이건^{Carl Sagon}[1]은 그의 기념비적 코스모스^{Cosmos} 시리즈에서 플랫랜드 이야기를 대중에게 소개한 바 있다. 그 내용을 인용하면 이렇다. 플랫랜드^{Flatland}에 사는 사람은 폭과 깊이는 있어도 높이가 없다. 이들 중에는 정사각형도 있고 삼각형도 있고 이보다 좀 더 복잡한 모양도 있다. 이들은 종종걸음으로 평지 여기저기를 돌아다니며, 납작한 건물을 들락날락하고, 빈둥거리면서 '평면적인 일'을 수행한다. 그들은 왼쪽과 오른쪽이 익숙하다. 앞과 뒤도 안다. 하지만 위와 아래는 도저히 이해하지 못한다. 이제 플랫랜드 사람들을 상상해보라. 누군가 또 다른 차원을 상상해보자고 이야기할지도 모른다. 그들은 "당신 지금 무슨 소리를 하는 겁니까? 모두 2차원뿐인데 어떻게 그것이 가능한가요? 세 번째 방향을 가리켜 보세요. 어디에요, 어디?" 그들에게 다른 차원의 제안은 어리석은 것처럼 보인다.

세이건의 이야기는 다음과 같다. 어느 날 스페이스랜드의 3차원 생물인 스피어가 플랫랜드 위를 떠다녔다. 인상이 좋아 보이는 스퀘어가 납작한 집으로 들어오는 것을 보고 스피어는 '차원 간 선린관계'를 돈독히 할 목적으로 스퀘어에게 인사를 하기로 했다. 스피어는 3차원에서 "안녕하세요? 저는 3차원에서 온 방문객입니다"라며 스퀘어에게 말을 건넸다.

---

[1] 뉴욕 출신의 유명한 천문 학자이자 작가 - 옮긴이

가엾은 스퀘어가 문이 닫힌 집 안을 두리번거렸지만, 아무도 보이지 않았다. 더욱 놀라운 일은 그 목소리가 몸 안에서 나오는 듯 느껴지는 것이었다. 정말 환장할 노릇이었다. 스퀘어는 스스로를 타이르며 말했다. "아무래도 우리 집안에 정신병 병력이 있나 보군." 환각 증세로 오해받아 불쾌해진 스피어는 진실을 알려주기 위해 3차원에서 내려와 플랫랜드로 들어갔다.

3차원 객체는 2차원 세상인 플랫랜드에 온전히 존재할 수 없다. 자신의 일부분만 밀어 넣을 수 있을 뿐이다. 스퀘어들에게는 플랫랜드의 평면과 접촉하는 단면만 보인다는 말이다. 플랫랜드로 미끄러져 내려가는 스피어는 처음에 점으로 나타났다가 점차 커져 원형으로 나타난다. 스퀘어는 2차원 세계의 밀폐된 방에 나타난 점이 서서히 원에 가깝게 커지는 모습을 본다. 모양이 변하는 이상한 생물이 눈앞에 갑자기 나타난 것이다.

스퀘어의 우둔함에 화가 난 스피어가 스퀘어를 들이받았고, 그 바람에 스퀘어는 위로 붕 떠서 한 바퀴 돌아 미지의 세계였던 3차원 세계로 진입했다. 처음에 스퀘어는 무슨 일이 일어났는지 전혀 이해할 수 없었다. 자신이 경험했던 세계와는 모든 것이 너무 달랐기 때문이다. 이윽고 스퀘어는 플랫랜드를 '내려다보고 있음'을 깨달았다. 그는 닫힌 방의 내부를 들여다보며 납작한 동료 스퀘어들을 꿰뚫어 보고 있었다. 자신이 속해 있던 우주를 아주 효과적으로 투시할 수 있는 절묘한 방향에서 바라보고 있던 것이다. 전혀 다른 차원으로의 이동은 그에게 잠시나마 '엑스레이 투시 능력'을 제공했다.

마침내 나무에서 잎이 떨어지듯, 스퀘어가 천천히 플랫랜드의 표면으로 내려앉았다. 그가 겪은 일은 동료들에게 불가사의였다. 그가 어디론가 사라졌다가 다시 나타났기 때문이다. "하느님, 맙소사! 도대체 어떻게 된 거야?" 친구들이 묻자 스퀘어는 "글쎄, 저 '위'를 다녀온 것 같아"라고 대답한다.

스피어는 스퀘어에게 3차원을 경험하게 해주고 차원 간 세계를 이해할 수 있게 해줌으로써, 2차원에 국한될 필요가 없음을 알려줬다. 세이건이 제시한 것처럼, 우리는 더 높은 차원을 상상할 수 있다.

도형이 아닌 우리 이야기에서, 이 책은 스피어와 비슷한 역할을 한다. 3차원 그리고 그 이상의 아이디어와 형태를 보여주며 플랫랜드의 언어인 말로 변형하고 옮긴다. 이러한 말이 효과를 발휘한다면, 세계를 경험하는 새로운 방법을 제대로 표현하고 설명할 수 있을 뿐만 아니라 어떻게 미래 현실을 경험할 수 있을지 생각하는 미묘하고 다차원인 시각을 우리 마음속에 심어줄 것이다. 스피어처럼, 우리도 독자 여러분의 생각이 플랫랜드를 넘어 웹, 세상, 커뮤니케이션 그리고 우리 현실에 새로운 차원을 추가할 수 있는 새로운 관점과 시각을 제공할 수 있기를 바란다. 스페이스랜드에 방문한 독자 여러분을 진심으로 환영한다.

차례

1장   공간 웹   43

프롤로그

"미래를 결정짓고 싶다면 과거를 공부하라."

— 공자

1962년 미국 펜타곤에 자리 잡은 국방부 산하 고등연구프로젝트국ARPA, Advanced Research Projects Agency의 첫 번째 국장이었던 J.C.R 리클라이더는 남다른 비전을 세웠다. 분산된 글로벌 컴퓨터 네트워크의 새로운 모습이었다. 이 새로운 네트워크로 전 세계 모든 사람이 그들의 집에서 컴퓨터를 이용해 전자 도서관에서 책이나 자료를 찾고, 서로 소통하고, 미디어를 공유하고, 문화생활에 참여하고 스포츠와 엔터테인먼트 쇼를 관람하고 모든 것을 구매할 수 있으리라 믿었다. 그는 이를 '모두에게 개방된 전자 공유 공간으로 정부, 기관, 기업, 개인이 정보를 공유할 수 있는 필수 매체'라고 설명하고 '은하계 컴퓨터 네트워크Intergalactic Computer Network'라고 불렀다.

1969년, 냉전의 핵 공포 속에서 리클라이더의 비전 첫 단계에 필요한 자금이 조달됐고 '아파넷ARPANET'이 탄생했다. 이는 네트워크에 새로운 접근 방식으로, 그 당시 미국의 중앙 집중식 통신 네트워크에 치명적인 타격을 입힐 수 있는 일종의 '싱글 스트라이크 어택'에 대한 방어가 가능했다. 아파넷이 새롭게 발명한 패킷 교환 방식은 이 목표에 들어맞았다. 패킷 교환은 '패킷packet' 형태의 데이터를 전송하는데 패킷이 발신지와 수신지 사이의 최적 경로를 찾아내 분산된 컴퓨터node에 메시지를 전달하는 네트워크 방식이다. 이로써 네트워크상의 하나 또는 그 이상의 노드node가 공격을 받아 위태롭거나 파괴되더라도 최종 목적지에 메시지가 도착할 수 있었으며, 인터넷 프로토콜 슈트(TCP/IP)의 발명으로 이어졌다. 더 많은 노드node가 함께 하면서 보다 탈중앙화decentralized 성격의 높은 안전성과 놀라울 만큼 큰 가치를 지닌 '인터넷Internet, Interconnected network-of-networks'이 됐다.

처음에는 인터넷 노드를 '컴퓨터computers'로만 정의했으며, 구체적으로는 각각의 인터넷 프로토콜 주소, 즉 IP 주소라고 불리는 고유 ID를 가진 컴퓨터 서버라고 정의했다. 그러나 인터넷은 1969년 네 군데의 노드에서 시작돼 웹 1.0(PC에서의 읽기 전용 웹사이트)과 웹 2.0(스마트폰에서의 소셜 미디어)의 시대로 진화하며 급격하게 성장했다. 현재 노드의 수는 전 세계적으로 500억 개를 넘어설 것으로 추정한다. 이 노드에는 노트북, 스마트폰, 스마트워치, 가전제품, 드론, 차량, 로봇 등이 포함됐으며, 언젠가는 우리까지 여기에 포함될 것이다.

1969년 무렵 최초의 네 군데 노드

오늘날 웹 3.0의 시대에 접어들면서 인터넷의 힘과 탈중앙화 정신은 우리 삶의 모든 면으로 계속해서 확장될 것이다. 우리는 앞으로 10년에 걸쳐 색다르고 새로운 유형의 웨어러블 및 생명공학 디바이스를 비롯해 사물 인터넷IoT에 1조 개에 달하는 센서, 비콘Beacon[1]과 디바이스를 새로 추가할 것이다. 이 과정은 우리가 물리적 세계physical world의 모든 사람, 장소와 사물을 전산화하고 무수한 가상 물체 및 공간과 함께 연결할 때까지 계속될 것이다. 아직 불분명하지만, 웹 3.0 시대는 **만물 인터넷**Internet of Everything 시대다.

그러나 인터넷이 웹1.0에서 웹2.0으로 전환되면서, 우리는 원래 인터넷 설계 원칙 속 탈중앙화 정신을 대부분 잃고 말았다. 기업과 정부는 웹 사

---

1 블루투스 기반의 스마트폰 근거리 통신기술이다. - 옮긴이

용자와 사용자 데이터를 감시해 중앙 집중화와 수익 창출에 이용하고 있다. 이는 웹 아키텍처의 한계 때문이기도 하다. 웹 3.0으로 넘어가면서 우리는 이 한계를 극복하고, 전 세계 모두에게 개방된 전자 공유 공간이라는 오리지널 비전의 중심인 탈중앙화 본질을 되찾을 기회를 손에 넣었다. 이것이 바로 공간 웹Spatial Web이다.

들어가며

세상의 디지털 혁신^{Digital Transformation}을 목격하고 웹 3.0 시대로 들어서면서, 심각하고 광범위한 영향을 미치게 될 특별한 선택의 갈림길에 섰다. 불을 처음 사용한 순간부터 미래의 얼굴 인식까지 기술은 중립적인 듯 보인다. 겉으로 보이는 기술의 중립적 모습은 인간의 욕망을 최고와 최악이라는 두 가지 방식으로 모두 확장할 수 있는 타고난 잠재력을 가린다. 인간의 집을 따뜻하게 하고 문명을 일으키기 위해 신에게서 불을 훔쳤던 프로메테우스의 이야기처럼 음식을 요리할 때 사용돼 선물로 여겨졌던 불이 순식간에 집을 태워버릴 저주로 변할 수 있다는 사실을 우리는 항상 기억해야 한다.

이 책에 소개된 21세기 기술도 불과 마찬가지다. 예전에는 상상할 수 없었던 수준의 힘과 규모의 기술 역시 두 가지 방식으로 모두 태울 만한 힘이 있다. 이것이 우리가 인류라는 하나의 종種으로써 반드시 신중하게 기술을 사용해야 하는 이유다. 우리가 내린 선택이 근본적으로 수십억 명의 삶에 영향을 미치고 앞으로 수십 년을 넘어 수 세기 동안 발판이 될 것이기 때문이다. 우리의 선택은 웹과 세계의 영역을 가르는 선을 결정할 뿐만 아니라 인류와 문명, 심지어 현실 그 자체라는 단어의 의미까지도 결정할 것이다. 우리는 현명하게 선택해야 한다.

스마트 도시^{smart city}와 스마트 공장^{smart factory}, 자율 주행 자동차와 집, 스마트 가전제품과 가상 현실 세계, 자동화된 쇼핑과 디지털화된 퍼스널 의학^{personal medicine}의 출현으로 일상생활과 놀이, 일, 여행, 쇼핑 등의 방식이 전과 다르게 변하고 있다. 전 세계 곳곳에서 스크린 뒤에 존재하던 기술이 우리를 둘러싼 물리적 세계로 튀어나오고 있다. 동시에, 실제 세계의 사람, 장소, 사물은 디지털화돼 가상 세계로 옮겨져 디지털 도메인의 일부가 되고 있다. 우리는 물리를 디지털화하고 디지털을 '물리화'하고 있다. 실제 세계와 가상 세계의 명확했던 경계가 희미해지고 있다. 모든 지표가 지난 세기 공상과학소설에서 봤던 기술이 곧 실현될 것이라 일제히 말한다. 지난 한 세기를 되돌아본다면, 그동안 흘려 넘겼던 공상과학소설의 비극적 예언이나 경고를 진지하게 검토해 봐야 하는 걸까?

전 세계 주요 리서치 회사가 수집한 '2019년 최고의 기술Top Technologies' 목록에서 반복되는 패턴이 나타난다. 기술 분야의 거대한 기업은 글로벌 문명으로 파고든 AI, 증강 및 가상 현실, 스마트 자동차, 드론, 로봇, 생체 인식 웨어러블을 포함하는 사물 인터넷IoT뿐만 아니라 블록체인, 암호 화폐, 5G 네트워크, 3D 프린팅, 합성 생물학, 에지Edge, 메시Mesh, 포그Fog 컴퓨팅에 지난 10년 이상 투자하고 기술을 습득해왔다.

21세기에 등장한 이러한 기술들은 종종 무어의 법칙Moore's Law의 '지수적 expotential' 성장에 충실히 약 18개월마다 같은 비용으로 그 기능과 성능이 두 배로 증가한다. 이것은 인텔Intel의 공동 창립자인 고든 무어Gordon Moore 가 제시한 '무어의 법칙'으로 잘 알려진 컴퓨팅 기술의 일반적 효과다.

무어의 법칙은 컴퓨터 칩의 연산 능력을 설명한다. 또한 자주 인용되는 컴퓨팅 법칙이다.

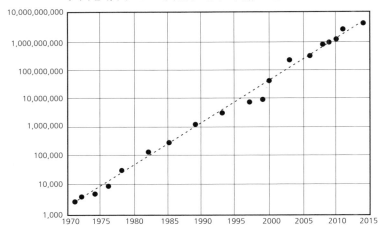

무어의 법칙(마이크로프로세서 칩의 트랜지스터 수), 1971년~2014년

로버트 메트칼프Robert Metcalfe는 이더넷Ethernet을 발명하고 쓰리콤3Com을 설립했다. 메트칼프의 법칙Metcalfe's Law에 따르면 네트워크의 총 가치는 네트워크에 연결된 다른 이용자 수에 따라 결정된다. 서비스의 기능과 가격이 동일하게 유지될 때도 네트워크에 연결할 수 있는 이용자가 많으면 많을수록 네트워크의 가치가 기하급수적으로 증가한다. 메트칼프의 법칙은 네트워크 **규모**scale에 관한 것이다.

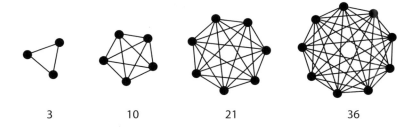

3 10 21 36

NfX 그룹의 「네트워크 효과가 기술 가치의 70%를 실현한다70 Percent of Value in Tech is Driven by Network Effects」라는 제목의 최근 연구에 따르면, 모든 사용자나 노드가 실제로 모든 네트워크에서 동일한 가치를 지니지 않았더

라도, 지난 25년 동안 '네트워크 효과'를 이용해 성장한 기업이 기술 분야에서 창출한 가치가 70% 가까이 차지한다.

웹 2.0 기술 및 스타트업 기업이 시가 총액, 이윤, 이용자 수 측면에서 세계적인 기업으로 변모할 수 있었던 핵심적 이유는 메트칼프의 법칙이 정의하는 **네트워크 규모**와 가치의 수요측 경제로 보완된 무어의 법칙에 따른 **컴퓨팅 성능**의 공급측 비용 절감의 가장 좋은 예이기 때문이다.

예를 들어, 더욱 빠른 네트워크에서 업그레이드된 스마트폰은 다른 이용자의 많은 참여를 유도해, 콘텐츠 소비 및 공유가 더 활발해진다. 이것은 웹 2.0 시대의 성공 공식처럼 채택돼, 2005년 10억 명이었던 인터넷 이용자 수가 2019년에는 거의 40억 명에 이른다. 39억 명의 사람들이 휴대폰으로 웹에 접속하며 그중 25억 명이 스마트폰을 사용한다. 소셜 네트워크상의 34억 명의 사람 중 32억 명은 휴대폰으로 소셜 네트워크에 접속하고 있다. 트렌드가 보이는가? 하드웨어 성능은 더 훌륭해졌고, 네트워크 속도는 훨씬 빨라졌으며, 이용자 수는 더욱 증가했다.

기하급수적 계산 능력 + 기하급수적 네트워크 연결 = 기하급수적 가치

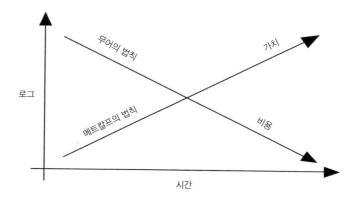

계산 능력이 한층 향상되면서 방 하나의 규모에서 데스크톱으로, 노트북으로 그리고 한 손에 들고 사용할 수 있는 초소형 컴퓨터로 그 크기와 비

용이 축소되는 반면, 컴퓨터 네트워크는 방 하나 규모에서 전사적으로, 전국적으로 그리고 전 세계적으로 확장됐다.

간단히 말해서 무어의 법칙은 계산 능력을 향상하고 비용을 저렴하게 만드는 반면, 메트칼프의 법칙은 네트워크의 규모와 가치를 키운다.

자동차, 도시 및 인간과 같은 복잡한 대상의 전산화가 기술적으로나 경제적으로 가치가 있겠지만, 궁극적으로 우리는 보석, 의류, 단추, 심지어 몸의 세포처럼 점점 더 작은 것을 전산화할 것이다.

또한 기존 인터넷과 마찬가지로, 수많은 네트워크를 단일 네트워크로 통합함으로써 가치를 가장 잘 축적 할 수 있다. 사람, 공간, 사물, 규칙, 가치의 새로운 네트워크는 모든 것에 **전산화하고 연결하는 능력**computerize and connect 을 부여하고 이로써 웹 3.0 시대의 만물 인터넷을 창출한다.

이것은 모든 컴퓨팅 기술과 모든 네트워크의 거대한 '컨버전스Convergence'다. 이 컨버전스는 전례 없는 힘, 범위, 규모를 함축한다. 근본적으로 우리는 여기에 의문을 품어야 한다. 물리적, 디지털 및 생물학적 도메인을 다 함께 통합하면 어떻게 되는가?

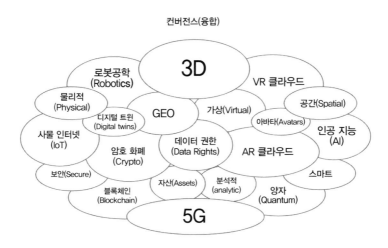

컨버전스(융합)

이 컨버전스는 우리를 숨겨진 어두운 세력의 감시를 받으며 고립된 중앙 집중형 네트워크에서 시뮬레이션된 현실에 갇히는 디스토피아dystopia[1]로 이끌 것인가? 웹 3.0이 우리를 소셜 웹Social Web에서 **섀도 웹**Shadow Web으로 옮겨가게 할까?

과거가 미래의 지표라면 이러한 일은 실제로 가능하다. 그러나 이와 같은 미래는 어떤 대가를 치르더라도 반드시 피해야만 한다. 다행히 컨버전스는 동일한 기술을 놀라울 만큼 좋은 방향으로 사용해, 문명의 가장 큰 문제를 다루고 심지어 해결할 수 있도록 한다. 또한 어둡고 절망적인 전망이 아닌, 밝고 희망적인 미래를 예측할 수 있도록 사용할 기회를 주기 때문에 이러한 비극을 피할 수 있다. 그러한 미래에서 일하고, 배우고, 놀고, 축하하고, 즐기는 등 삶의 모든 면을 긍정적으로 변화시킬 수 있다. 이로써 글로벌 경제를 창출하고 건강하고 진보된 문명을 번성시키는 수단을 마련할 수 있다. 새로운 네트워크 프로토콜로 활성화된 컨버전스는 물리적 공간과 가상 공간을 연결해 새로운 웹을 만든다. 개방적이며 상호 운용이 가능한 웹 3.0에서는 인간과 기계, 가상 경제 간의 안전하고 신뢰할 수 있는 상호 작용 및 거래를 보장하는 동시에 개인의 정보 및 재산권을 보호한다. 이러한 미래는 웹에 문자 그대로, 새로운 차원을 더해준다. 이로써 공간 웹이 가능해진다.

---

1 현대 사회의 부정적 측면이 극단화된 미래상 – 옮긴이

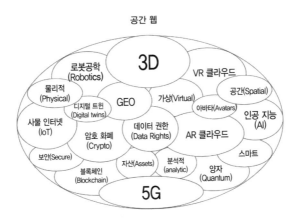

공간 웹

공간 웹은 미래 세상의 모든 디지털 및 물리적 가닥을 하나하나 엮어 차세대 컴퓨팅 기술이 생성한 통합 현실, 즉 디지털 삶과 물리적 삶이 하나가 되는 새로운 우주를 만든다. 이것은 새로운 종류의 네트워크다. 원래의 인터넷처럼 상호 연결된 컴퓨터 중 하나라든지 월드 와이드 웹World Wide Web처럼 상호 연결된 페이지, 텍스트 및 미디어 네트워크뿐만 아니라 사람과 공간 및 사물, 가상의 상대와의 거래 및 운송 등 상호 작용과 상호 연결로 구성된 '살아있는 네트워크'다. 이전의 월드 와이드 웹과 마찬가지로, 이 새로운 공간 웹도 실생활에서 새로운 코드가 필요하다. 소프트웨어 코드뿐만 아니라 비판적이고 윤리적이며 사회적인 코드가 있어야 한다.

오늘날, 우리가 효율적으로 지식을 공유하지 못하는 이유는 두뇌끼리 심성 모형mental model과 심적 지도를 직접 공유할 수 없어서다. 생각과 개념을 우리 자신끼리 복사해 붙여넣기란 불가능하기에 AI나 사물 인터넷 장치로 이를 훨씬 축소해 만들고 편집하거나 공유한다.

인간의 마음은 현재 다른 이와 직접 공유할 수 없는 현실의 3D 심성 모형을 이룬다. 우리는 공간적으로 생각하고 추론하는 반면, 공간 정보와 상황을 다른 사람에게 전달하기 위해 언어와 단어, 또는 2D나 3D 도면 형태의 시각적 표현에 의존해왔다. 공간 내 객체를 포착하고 전송 및 해석하는 행위는 외국어나 문자, 그림으로 번역해야만 공유할 수 있는 프라이빗 가상 현실VR과도 같다. 내부 모형을 줄이고 그 질을 떨어뜨리는 2차 매체를 사용해야만 한다. 그 과정에서 내용의 충실도(정확성), 뉘앙스 및 맥락의 상당한 부분을 잃게 된다.

그러나 기계와 인공 지능으로 경험과 지식의 3D 모형과 지도를 직접 공유할 수 있는 기술이 있다면 어떨까? 프라이빗 가상 현실에 갇히는 대신, 디지털로 매개된 합의 현실consensus reality인 일종의 다차원 퍼블릭 증강 현실AR에서 생각을 공유할 수 있다는 것은 매우 신나는 만큼 걱정도 된다. 하지만 블록체인과 같은 분산 원장 기술을 사용하면 자유롭게 공동으로 탐색과 편집, 매시업, 리믹스가 가능한 동시에 사실에 입각한 데이터를 안정적으로 확인할 수 있다. 이런 기술은 지능형 증강 현실Augmented Intelligent Reality을 제공해 우리가 실제와 '프로젝트 된projected' 것 사이의, 즉 경험적으로 유효한 것과 창조적으로 표현된 것의 차이를 분명히 구분하도록 돕는다.

공간 웹의 힘은 기하학적인 세계를 언어로 표현할 수 있는 능력에서 처음 시작됐다. 공간 웹에서 우리는 디지털 매개 공용어를 사용해 모든 정보를 공간적으로 바꿀 수 있다. 웹상의 현재 정보를 공간과 상황에 따라 객체와 위치에 맞게 배치할 수 있으며, 보기와 말하기, 몸짓, 생각하기 등 가장 자연스럽고 직관적인 방식으로 정보와 상호 작용할 수 있다. 공간 웹은 우리의 환경과 주변 물체에 내장된 센서와 로봇공학 기술로 웹을 더욱 물리적으로 만들 수도 있다. 모든 장소, 모든 사물, 우리가 만나는 모든 사람에게 정보와 컨텍스트를 더해주면서 세상을 스마트하게 만든다. 그리고 데이터의 컴퓨팅과 스토리지를 분산해 각각의 관계와 이 새로운 네트워크를 더욱 신뢰할 수 있고, 안전하며 빠르게 만든다. 이로써 우리 삶의 교육, 창의력, 건강, 비즈니스, 법률 시스템, 정치, 생태와 같은 모든 측면이 빠르게 개선되고 향상된다. 공간 웹은 우리를 자기중심주의 및 민족중심주의에서 전체론적이고 평등하며 포용적인 세계중심주의로 움직이는 잠재력을 지녔다.

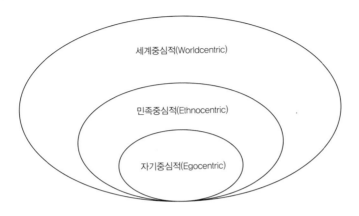

오늘날 우리는 새로운 공간 웹의 장래성을 인지하면서도, 수십 년 전에 개발돼 물리적 세계에서 사용하기에 한계가 있는 웹 기술을 여전히 사용하고 있다. 지금의 프로토콜은 컴퓨터의 상호 연결 페이지를 위해 설계한 것이지 실제 사람과 장소, 사물 간 연결을 위한 것이 아니다. 정보를 교환하기 위해 설계된 것으로 사람과 기계, AI의 활동을 관리하고 조정하거나 글로벌 무역에 실시간 참여할 수 있도록 설계한 것이 아니다.

웹 1.0은 정적 문서와 PC의 읽기 전용 데이터로 구성됐다. 웹 2.0은 사용자 생성 멀티미디어 콘텐츠, 대화형 웹 애플리케이션, 그리고 멀티 터치 스마트폰의 소셜 미디어를 도입했다. 웹 3.0은 AR과 VR 헤드셋, 스마트 안경, 웨어러블과 센서가 등장한다. 공간 웹은 이로써 우리 주변의 정보와 생각, 상상력을 세계에 투영하고 이를 모든 대화로 엮어낼 수 있으며, 우리가 일하고, 배우고, 살아가는 장소에 표시한다. 직관적으로 배치된 정보, AI 지원 인터랙션, 암호화된 정보, 디지털 결제 등 새로운 네트워크 형태가 모습을 드러내고 있다. 웹이 바로 세계가 되는 곳 말이다.

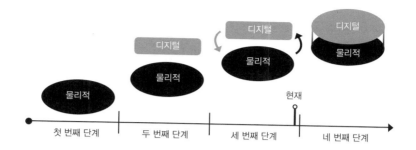

			디지털
	디지털	디지털	물리적
물리적	물리적	물리적	

| 첫 번째 단계 | 두 번째 단계 | 세 번째 단계 | 현재 네 번째 단계 |

웹 3.0에서 우리는 '디지털 트윈Digital Twin[2]'이나 우리의 세계와 그 세계 속 모든 것의 소프트 카피뿐만 아니라, 독자적이며 고유한 ID, 인터랙션 규칙과 검증 가능한 이력을 지닌, 공간적으로 물리적 상대와 연결 및 동기화될 수 있는 스마트 트윈Smart Twin을 만들 것이다. 모든 것의 위키피디아Wikipedia와 마찬가지로, 세상의 모든 것을 검색할 수 있고, 모든 객체와 사람, 프로세스, 시스템을 업데이트하고 수량화 및 최적화하며 공유할 것이다. 그럴 수 있는 권한이 있다면 말이다. 그 적용 범위는 무한할 것이며 미치는 영향은 사실상 긍정적으로도 부정적으로도 설명할 길이 없다. 하지만 설명을 시작하는 것이 중요하다. 정확히는, 약속받은 이점을 활용하고 잘못된 함정을 피하려면 올바른 이름부터 붙여야 한다.

다양한 업계 리더들이 물리적 세계의 디지털 트윈에 붙일 이름으로 수많은 증강 현실AR이나 AR 위주의 이름을 제안해왔다. AR 엑스포Augmented World Expo의 창시자인 오리 인바르Ori Inbar는 AR 클라우드AR Cloud라는 용어를 사용했는데, 디지털 포인트 클라우드point cloud[3]나 그물망 같은 스캐폴딩으로 홀로그램을 세계에 투영하는 방식으로 여러 당사자가 지속적으로 경험할 수 있다. 매직리프Magic Leap는 환상적인 일이라는 그들의 비전에서 영감을 얻어 글로벌 디지털 트윈의 장난스러운 버전인 **매직버스**Magicverse라

---

2   현실 세계의 사물을 컴퓨터 속 가상 세계에 구현해 시뮬레이션함으로써 결과를 예측하고 문제를 해결할 수 있는 기술 – 옮긴이

3   3차원 공간에 퍼져 있는 여러 점의 집합 – 옮긴이

는 용어를 사용했다. 그리고 2019년 초, 잡지사 「와이어드^{Wired}」의 저명한 미래학자 케빈 켈리^{Kevin Kelly}는 **미러월드**^{Mirrorworld}라는 제목으로 컨버전스의 IoT 및 다른 기술을 광범위한 설명을 통해 언급했다. 여러분이 어떤 용어를 선호하든, 이들은 디지털 세계와 물리적 세계가 함께 조화를 이루는 미래를 묘사하는 거의 불가능한 일을 시도했다는 점에서 저마다 의미가 있다. 「포브스^{Forbes}」의 칼럼니스트이자 업계 XR^{eXtended Reality, 가상융합 현실} 베테랑 찰리 핑크^{Charlie Fink}는 "세상은 데이터로 그려질 것이다"라고 말하곤 한다.

각각의 용어에서 부족한 점은 컨버전스의 눈 부신 빛 속 AR의 명확한 비전이 없다는 것이다. 디지털 트윈은 어떻게 IoT와 AI, 블록체인과 결합해 **스마트** 트윈이 될 수 있을 것인가? AR이 다양한 장치, 운영 시스템과 위치에서 어떻게 작동할 것인가? VR 같은 다른 **현실**과 어떻게 작용할 수 있는가? 느리게 (예측된 수용 곡선을 그리며) 성장하지만, 틀림없이 더 거대한 AR의 사촌 격인 VR은 스스로 기하급수적 역할을 한다. VR 공간, 게임 및 세계와 모두 연결된 3D 가상 현실 인터넷은 고전적으로 닐 스티븐슨^{Neil Stephenson}의 공상과학소설 『스노우 크래쉬^{Snow Crash}』(Brilliance Audio, 2014)[4]에서 '메타버스^{Metaverse}'라고 불렸으며, 최근에는 어니스트 클라인^{Ernest Cline}의 책 『레디 플레이어 원』(에이콘, 2015)[5]에서 '오아시스^{Oasis}'로 묘사된다. 이를 'VR 클라우드^{VR Cloud}'라는 용어로 부르든 부르지 않든, 컨버전스에서 VR을 쉽게 생략할 수 없으며 AR과 별도로 분리해 공간 컴퓨팅 한구석으로 보내버릴 수는 없다. 이것이 바로 웹 3.0 시대의 모든 기술을 압축해 담을 수 있고, 심지어 사용자와 디지털 객체가 VR 공간과 AR 공간 사이를 매끄럽게 이동하는 기능까지 제공하는 포괄적 용어가 필수적인 이유다.

---

4 1992년 펴낸 소설로 등장인물들은 메타버스라는 가상의 나라에서 아바타라는 가상의 신체를 빌려 활용한다. - 옮긴이
5 암울한 미래인 디스토피아에서 가상 현실 오아시스 세상 속에서 살아가던 사람들이 오아시스 속 이스터에 그를 찾기 위해 두뇌게임을 펼친다. - 옮긴이

컨버전스 기술의 역사적 중요성과 지수 거듭제곱의 기하급수적 성질을 감안할 때, 이러한 기술이 어떻게 인간의 핵심 가치와 가장 잘 조화를 이룰 것인지, 또 그렇지 않는다면 어떤 영향을 미칠지 설명할 수 있는 포괄적인 비전이 필요하다. 산업 중심의 단편적인 이야기는 강력한 컴퓨팅이 우리를 둘러싸는 시대에 개인 정보 보호, 보안, 상호 운용성 및 신뢰와 관련된 중요한 결정에 필요한 전체론적 관점을 제공할 수 없다.

21세기 디지털 인프라를 구축하는 지금, 올바른 사회적 결정을 내리지 못한다면 미래의 암울한 〈블랙 미러Black Mirror6〉 버전이 현실이 될 수 있다. 기능 장애 기술 또는 독점적 기술이 글로벌 시스템의 인프라에 영구적으로 내장돼 그 방향이나 속도의 진행 과정을 바꿀 힘을 뺏기고 마는 기술적 '고착lock-in'이 발생할 수 있다. 웹 3.0이 중앙 집중식 전력 및 사일로 플랫폼을 향해 전진한다면 혁신에 막대한 영향을 미칠 뿐만 아니라 언론의 자유, 사고의 자유 및 기본 인권에 칠링 이펙트Chilling effect7를 미칠 것이다. 이러한 고착 현상이 발생하지 않도록 어떠한 대가를 치를지라도 신중하면서도 적극적인 조치가 반드시 이뤄져야 한다.

다행히 웹 3.0에는 공상과학소설에서 잘 다루지 않는 긍정적인 미래인 '화이트 미러White Mirror' 버전도 있다. 그곳에서 우리는 의도적이고 의식적으로 컨버전스의 힘을 활용한다. 공동의 목표와 가치, 거대한 야망에 맞게 그 힘을 사용한다. 화이트 미러 버전에서는 기술을 사용해 우리의 생태, 경제 및 거버넌스 모델을 효과적으로 개선하고 우리가 들어왔을 때보다 더 나은 세상으로 남겨 놓을 수 있다.

2019년 1분기에 유례가 없지만 거의 주목받지 못한 사건이 일어났다. 애플Apple과 안드로이드Android 모두 AR 소프트웨어를 운영 체제에 추가하면서 10억 개가 넘는 새로운 스마트폰 화면이 실제 세상의 창이 됐다. 이로

---

6 기술 발달이 불러온 디스토피아 세계를 그린 넷플릭스 드라마 – 옮긴이
7 과도한 규제나 압력으로 사상과 표현의 자유가 위축되는 현상 – 옮긴이

써 스마트폰은 공간에 3D 상황 정보와 대화형 3D 객체를 표시할 수 있게 됐다. 애플, 마이크로소프트Microsoft, 구글Google, 삼성Samsung, 페이스북Facebook, 매직리프Magic Leap, 바이두Baidu, 텐센트Tencent 등의 기업 또한 차세대 스마트 안경과 헤드셋에 수십억 달러를 투자했다. 차세대 스마트 안경과 헤드셋은 증강 현실 및 가상 현실로 스마트폰을 보완할 목적으로 처음 설계됐지만 궁극적으로 스마트폰을 대체한다. 더 나아가 수십억 개의 3D 깊이Depth 센서 카메라가 곧 현존하는 스마트폰과 수십억 개의 드론, 로봇, 자동차 및 길거리에 장착될 것이다. 이로써 모든 것을 공간적으로 인식해 3D로 환경을 매핑할 수 있게 되고 공간 웹의 창 역할을 담당할 수 있다. 이 디지털 장치로 우리가 사는 세계의 완전한 복사본인 디지털 트윈을 만드는 것이 가능해진다. 앞으로 10년간 우리가 이 전환 작업을 완성하는 동안, 공간 기술은 다양한 디지털 활동뿐만 아니라 물리적 활동에서도 선두를 달리는 대표적 인터페이스가 될 것이다.

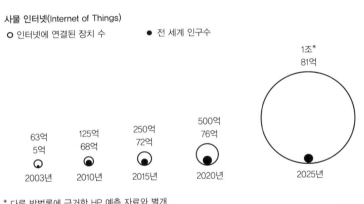

사물 인터넷(Internet of Things)
○ 인터넷에 연결된 장치 수   ● 전 세계 인구수

1조*
81억

63억   125억   250억   500억
5억   68억   72억   76억
○   ◉   ◉   ●
2003년   2010년   2015년   2020년   2025년

* 다른 방법론에 근거한 HP 예측 자료와 별개
출처: Cisco IBSG

이어지는 글에서는 공간 웹의 필요성과 새로운 소프트웨어 프로토콜로 연결된 컨버전스 기술이 어떻게 생겨나는지를 설명한다. 적용 사례와 개인으로서 또 사회로서 우리에게 미치는 영향을 간단히 추려 설명한다. 이 책이 강력한 힘과 영향을 가진 각각의 기술에 관한 입문서로서 여러분의

이해를 돕기를 바란다. 또한 독자 여러분이 영감을 받아서 앞으로 나아갈 비전을 설계하고, 개방되고 자유로운 새로운 웹, 최초의 인터넷과 웹 인프라를 구축했던 이들의 업적을 발판으로 딛고 발전한 새로운 웹, 그렇지만 미래를 내다보며 인간의 가치에 맞게 기술의 힘을 효과적으로 사용하도록 설계된 새로운 디지털 인프라 구축에 여러분이 참여할 수 있기를 바라며 이 책을 집필했다.

버세스VERSES는 새로운 기술의 자유롭고 공개된 표준에 전념하는 비영리 재단이다. 우리 조직은 선구적이고 뛰어난 사람들의 의견을 바탕으로 21세기 전 세계적 디지털 인프라를 위한 이론적이고 기술적인 틀을 만들어 왔다. 웹 3.0의 비전을 실제로 달성하려면 모든 사람이 그 비전을 지지하고 개발하고 반복하고 실현해야 한다.

공간 웹에 찾아온 여러분을 환영한다.

1장

/

공간 웹

"이 마법 같은 미래를 공간 웹이라 부른다. 공간 웹은 우리의 삶 전부를
완전히 뒤바꿔 놓을 것이다."

— **피터 디아만디스**(Peter Diamandis)[1]

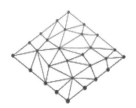

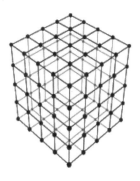

월드 와이드 웹(World Wide Web)
다 같이 연결된 웹사이트

공간 웹(Spatial Web)
다 같이 연결된 사람, 공간, 사물

---

1   미래학자이자 현(現) 엑스프라이즈 재단 회장이며 싱귤래리티 대학교 학장 – 옮긴이

공간 웹의 이상적 미래

공상과학영화나 TV 쇼, 책, 게임 등에서 미래는 첨단 기술이 사용자를 환상적인 인터랙티브 경험으로 이끌고, 가상 세계와 물리적 세계를 마술처럼 통합하는 사용자 인터페이스로 홀로그램 콘텐츠 및 캐릭터에 빠져들게 하는 모습을 그려낸다. 〈블레이드 러너Blade Runner〉, 〈매트릭스Matrix〉, 〈스타워즈Star Wars〉, 〈아바타Avatar〉, 〈스타트렉Star Trek〉, 〈레디 플레이어 원Ready Player One〉, 〈어벤져스Avengers〉 같은 영화는 어떤 식으로든 가상과 물리 그리고 기계적이고 생물학적으로 매끄럽게 통합된 현실 속에서 홀로그램, 지능 로봇, 스마트 기기, 가상 아바타, 디지털 거래와 우주 규모의 순간 이동teleportation 능력이 다 같이 완벽하게 작용하는 미래 세계를 보여준다. 공상과학소설과 영화는 디지털과 물리적으로 자연스럽게 융합해 어느 곳에서나 또 누구에게나 작용하는 방식으로 미래의 모습을 묘사하는 역할을 탁월하게 수행해왔다. 그렇지만 이 공상적이며 허구적인 작업 중 어느 하나도 그것이 실제로 어떻게 실현되는지 정확하게 표현하지 못했다.

이에 우리는 다음과 같은 질문을 한다. "어떻게 해야 과학 판타지fantasy가 과학 사실fact이 될 수 있을까?"

우리는 두 개의 다른 세상에서 살고 있다. 하나는 공간과 시간, 물질, 물리학 법칙의 지배를 받는 물리적 세계다. 이곳은 우리가 먹고, 숨 쉬고,

생활하고, 일하는 세계다. 이 물리적 세계에서 음식과 물, 주거지는 여전히 생존에 필수적 요건이다.

또 다른 하나는 디지털 세계다. 이 세계는 공간과 시간, 물질 또는 물리학 법칙의 지배를 받지 않으며 우리의 내적 상태를 위한 캔버스 역할을 한다. 이곳에서 우리는 생각과 감정, 아이디어, 정보, 상상 등을 다른 이와 함께 수집하고 공유한다. 그것은 마치 우리의 개별적이며 공통적인 내적 자아를 비추는 외부 거울과도 같다. 두 개의 세계는 마치 플라스틱이나 판 유리 한 장으로 분리되듯 다른 세계와 떨어져 존재한다. 정보로 연결돼 있지만, 서로 간의 간격과 공간, 시간 그리고 물리적 · 비물리적 법칙의 불협화음을 조정할 수 있는 수단이 존재하지 않은 채 기능적으로 분리돼 있다. 물리적 현실과 디지털 현실이 충돌하면서, 인류와 미래에 미치는 영향 역시 미지의 세계로 남아있다.

새로운 **합성 현실**mixed reality[2]은 20세기 인쇄 및 전자 미디어가 웹 2.0 시대에서 그랬던 것처럼 공유와 협력, 유연한 변형, 편집이 가능해지면서, 궁극적으로 현실 자체의 정의를 다시 써야 할 수도 있다. 이러한 가능성을 고려해, 우리는 어떻게 웹 3.0시대에서 가장 위험한 함정을 피하는 동시에 새로운 현실의 가장 위대한 약속을 얻을 수 있으며, 또한 어떻게 신용, 보안, 개인 정보 보호 및 상호 운용성을 유지할 것인가?

웹 3.0이라는 용어를 적절하게 정의하면서 시작해보자.

---

2 현실과 가상을 합성한 가상 현실 – 옮긴이

웹 3.0의 정의

웹 3.0의 초기 개념은 시맨틱 웹^{Semantic Web}으로 정의되곤 했다. 시맨틱 웹은 우리가 웹상에서 텍스트를 읽고 상황과 문맥을 이해해 단어나 문장이 의도한 의미를 해석하는 '의미론적^{semantic}' 발상을 내세웠다. 웹 페이지의 텍스트에 단어의 문맥상 의미를 암호화함으로써 텍스트와 웹 그 자체, 둘 다 '스마트^{smart}'해지는 것이 가능하다. 예를 들어, 스마트 웹은 실내에서 작은 나무와 채소를 건강하게 키우는 가장 좋은 방법을 토론하는 자료 사이트에서 '그린하우스^{greenhouse}'라는 특정 용어가 초록색 페인트가 칠해진 집 대신 식물로 가득 채워진 유리 온실을 나타냄을 파악할 수 있을 것이다. 확실히 훌륭한 생각이지만 슬프게도, 월드 와이드 웹에게 강력하고 새로운 지능형 웹을 역설계하기란 지나치게 어려운 일이었다.

이 기술적 문제에서 벗어나, 시맨틱 웹 비전의 결함이 커다란 포부에 있지 않고 제한적인 집중에 있다면 어떻게 될까? 웹 3.0에서 더 스마트해지고 의미를 파악할 수 있게 된 결과, '의미론적'이 될 수 있는 영역은 텍스트에 국한되지 않고 물리적 세계로 확장된다. 그곳에서 공간 사물, 환경 및 상호 작용이 가장 두드러진다. 앞으로 웹 3.0은 의미론적 웹이 되겠지만, 이는 우리가 텍스트에 지능을 내장시켰기 때문이 아니다. 모든 것에 3D 공간 지능을 내장시킬 것이기 때문에 웹 3.0은 의미론적 웹이 될 것이 분명하다.

산업 중심적 근시안의 고통에 시달렸듯, 웹 3.0의 수많은 동시대적 정의 역시 전체론적 사고가 결핍됐다. 예를 들어, 웹 3.0은 블록체인 지지자 대다수가 주장하는 가상 화폐 중심 P2P '가치 인터넷Internet of Value'이나 인공지능 연구자가 제시하는 AI 네트워크 중심 '지능 인터넷Internet of Intelligence'에 한정되지 않는다. 웹 3.0은 단지 인더스트리 4.0 지지자가 이야기하는 수많은 장치의 '사물 인터넷Internet of Things'일 뿐 아니라, 다양한 웨어러블로 맥박을 추적하고 식단을 개별 맞춤화하며 감정 상태와 생각까지 최적화할 수 있는 '개인 인터넷Internet of Me'일 수도 있다. 또한 오래전부터 예언해왔던 3D 인터넷, 가상 현실 '메타버스Metaverse'나 VR 클라우드 혹은 최근의 AR 클라우드나 '장소 인터넷Internet of Places'만을 뜻하는 게 아닐 것이다. 웹 3.0의 범위는 이러한 정의 중 어느 하나에만 국한되지 않는다. 차세대 웹의 시대에서는 앞에 언급된 전부가 포함되기 때문이다. 웹 3.0에서는 모든 것이 **만물 인터넷**Internet of Everything으로 '연결'된다.

공간화의 초기 모습

공간 웹에서 '공간spatial'이라는 용어는 스크린 너머까지 확장된 웹이 어떻게 미래 인터페이스로 **공간 콘텐츠와 상호 작용을 통합**하고 저장할 수 있는가를 의미한다. 이는 **분산 컴퓨팅, 분산 데이터, 유비쿼터스**ubiquitous 컴퓨팅[3]과 **앰비언트**ambient **컴퓨팅[4], 퍼시스턴트**persistent 컴퓨팅, 에지edge 컴퓨팅으로써 용이해졌다. 각각의 기술 트렌드는 기본적으로 컴퓨팅 연산 능력을 **우리를 둘러싼 공간으로 더욱 깊숙이 확장**해 새로운 차원의 경험과 연결, 신용, 지능을 제공한다. 우리는 이 매크로macro 컴퓨팅 트렌드를 공간화Spatialization라고 부른다.

공간 웹이 눈앞으로 도래했음을 우버Uber[5]와 에어비앤비Airbnb[6], 스냅Snap[7], 나이앤틱Niantic[8], 포스트메이츠Postmates[9], 태스크래빗TaskRabbit[10] 등 많

---

3 언제 어디서나 어떤 기기로든 컴퓨팅이 가능 – 옮긴이
4 다양한 IT 기기가 일상 속에 자연스럽게 자리잡아 사용자가 인지하지 못하고 활용 – 옮긴이
5 세계 최대 차량 호출 서비스 업체 – 옮긴이
6 세계 최대 숙박 공유 서비스 업체 – 옮긴이
7 스냅챗을 운영하는 소셜 미디어 회사로 10대 선호 SNS 플랫폼 1위 – 옮긴이
8 구글 사내 벤처로 시작, 〈포켓몬 고〉 게임으로 성공한 스타트업 게임 회사 – 옮긴이
9 (美) 음식 배달 애플리케이션 업체로 우버가 인수 – 옮긴이
10 (美) 단기 아르바이트 중개 서비스 업체 – 옮긴이

은 선구적 스타트업 '유니콘unicorns[11]'의 모습에서 찾아볼 수 있다. 이들의 성공 요인으로 GPS를 이용한 위치 기반 서비스 기능과 자이로스코프gyroscope[12], 가속도계[13]의 위치 및 방향 측정 능력, 카메라 소형화 기술 등을 비롯한 스마트폰의 하드웨어 개선을 꼽는다. 이 기술로 그들은 어마어마한 사용자를 수용하고 기업가치가 수십억 달러에 달하는 기업으로 성장할 수 있었다. 그들이 존재할 수 있었던 이유인 핵심 기술, 즉 공간화로 가치를 창출했기 때문이다.

예를 들어, 우버는 당신이 한 장소에서 다른 곳으로 이동할 공간을 빌려주고, 에어비앤비는 당신이 어딘가에 도착했을 때 머물 수 있는 공간을 빌려준다.

스냅과 이들의 새로운 렌즈 스튜디오Lens Studio[14], 틱톡Tik Tok, 유캠YouCam 등 새로운 스마트 카메라 기반 제품군에 속하는 기업들은 왕관을 씌우고, 얼굴을 보정하고, 정교한 메이크업을 적용하며, 머리 위에 캐릭터를 씌운다. 사용자의 얼굴뿐 아니라 배경과 주변 환경까지 변경하고, 모핑하거나 보강하고 변형할 수 있는 기능을 제공한다. 나이앤틱의 〈포켓몬 고Pokemon Go〉는 전 세계 곳곳에 전략적으로 숨겨진 독특한 일본 만화 캐릭터 보물찾기 게임으로 폭발적인 인기를 끌었다. 십억 명의 사람들이 집에서 나와 도시, 공원, 쇼핑몰, 거리를 돌아다니며 가상의 캐릭터를 쫓았다. 당신이 포스트메이츠로 음식 배달을 주문하거나 당신의 아파트에서 평면 스크린으로 태스크래빗의 누군가에게 대신 주문할 수 있게 된 능력 모두 스크린 위가 아닌 공간의 구체적인 지점, 즉 출발지부터 도착지까지의 방향을 읽는 기술을 기반으로 한다.

---

11 기업가치가 10억 달러 이상이고 설립한 지 10년 이하인 스타트업을 뜻한다. - 옮긴이

12 물체가 회전할 때 발생하는 코리올리의 힘을 이용해 각속도를 측정하는 센서 - 옮긴이

13 accelerometer. 가속도 측정 센서 - 옮긴이

14 스냅챗 필터 제작 전용 3D 제작 툴 - 옮긴이

이것이 바로 공간 웹의 기반을 형성하는 장소의 디지털화digitization와 공간 태스크의 상업화commercialization다.

디지털화의 점진적 발달

디지털화는 컴퓨터가 정보를 읽고, 저장하고, 가공해서 디지털 네트워크를 통해 전송할 수 있도록 우리 주변의 아날로그 세상을 0^{zero}과 1(bit)로 만들어진 코드로 변환하는 과정이다. 디지털화는 어떤 매체로 변환하든 생산과 저장, 배포를 여럿으로 나눠 누구나 이용할 수 있도록 민주화하는 방식으로 뒤바꾼다. 인간은 공간적으로 습득한 다음에 상징적으로 습득하는 반면, 컴퓨터 시스템은 역순으로 '습득' 또는 '처리'한다.

컴퓨터는 기호의 디지털화로 시작해 현재 공간인식의 디지털화에 이르기까지 여러 단계를 지나며 공간화를 추진하고 있다. 예를 들어, 컴퓨터는 맨 처음 숫자를 디지털화했다. 이 능력은 데이터 저장과 통계 분석, 암호 해독을 돕는 수학적 계산의 발달로 이어졌다. 디지털화의 단계에서는 기본적으로 컴퓨터를 '수학 프로세서$^{math\ processor}$'로 이용했다.

컴퓨터가 텍스트를 디지털화하면서 '워드 프로세서$^{word\ processor}$'가 탄생했다. 우리는 워드 프로세서로 텍스트를 활발하게 편집하고 저장 및 공유할 수 있게 됐다. 디지털 워드는 새로운 코딩 언어, 데스크톱 컴퓨터를 이용한 출판, 이메일의 탄생을 불렀다. 워드의 디지털화는 '하이퍼텍스트^{hypertext}'의 발명을 낳았으며, 월드 와이드 웹$^{World\ Wide\ Web}$과 웹 1.0의 시작을 이끌었다.

다음 순서는 미디어의 디지털화였다. 디지털 미디어는 스마트폰을 이용해 믿을 수 없는 규모와 속도로 캡처하고 공유했다. 웹 2.0은 네트워크 영향력을 배경으로 한 디지털 미디어의 생성과 소비를 기반으로 구축됐으며 스마트폰의 도입을 가속화했다. 스마트폰은 웹의 가장 효율적이고 효과적인 '미디어 프로세서media processor'가 됐다.

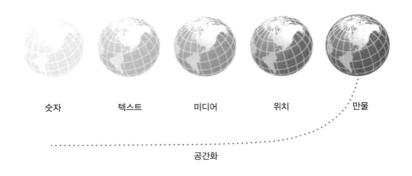

3D 모델링 및 애니메이션 도구tool를 사용하면서 텔레비전과 영화, 비디오 게임, 마케팅, 광고, 증강 현실, 가상 현실뿐만 아니라, 수많은 산업에 걸친 우리 삶의 모든 '사물'을 디지털화했으며 이는 최신 제품과 산업 디자인, 아키텍처, 토목 공학 및 도시 계획에도 적용된다.

오늘날 3D 모델은 스마트폰과 드론, 차량에 장착된 차세대 깊이 감지 컴퓨터 비전 카메라를 이용해 실재하는 객체 및 위치를 스캔해 만들 수 있다. 이 카메라로 스캔한 제품과 객체, 인간, 건물을 비롯해 도시 전체의 지도 및 3D 모델의 구축이 가능하다. 연결된 장치로 우리의 얼굴과 피트니스 단계, 움직임, 분위기, 건강을 매핑하고 추적할 수 있다. 제조 및 산업 장비에 내장된 스마트 센서는 속도, 압력, 온도는 물론, 많은 것을 추적하고 감시할 수 있다.

이렇게 우리는 텍스트와 미디어, 웹 페이지부터 사람과 장소, 사물에 이르는 디지털화의 진전을 볼 수 있었다. 단지 기호와 미디어뿐만 아니라 물리적 현실의 객체와 활동의 디지털화에 다다랐다. 이러한 디지털 트랜스포메이션 단계의 컴퓨터를 '프로세서로서의 컴퓨터' 비유로 완성하자면, 바로 '현실reality 프로세서'가 된다.

근본적으로 디지털화는 매체의 생산과 저장, 배포를 민주화했으며 단계마다 그 모습을 완전히 바꿔 놓았다. 워드 및 미디어의 디지털화로 컴퓨터 프로세서가 미쳤던 충격적인 영향력을 돌이켜 보며, 세상의 모든 객체와 사람, 위치 및 활동을 디지털화한다면, 그 효과가 어느 정도일지 한 번 상상해보라.

공간화의 믿을 수 없을 만큼 큰 능력에도 불구하고 진정한 능력은 컴퓨터가 다 함께 연결됐을 때 발휘된다. 월드 와이드 웹의 상징적 영역인 워드 및 웹 페이지 연결에 의존했던 과거의 통신 프로토콜은 공간 웹의 디지털 방식으로 강화된 물리적 현실에 적합하지 않다. 과거의 프로토콜은 너무나도 다른 정보 모형에 기반을 두고 현실을 묘사하기 때문이다.

새로운 모형

그토록 다른 점이 무엇인지 자세히 살펴보자. 우리의 세계를 '모형model'으로 만드는 방법, 우리가 세계를 공유하는 방식, 우리가 세계를 바라보는 렌즈, 이들은 기본적으로 수천 년 동안 변화가 없었다. 시간이 흐르면서 정보를 공유하기 위해 사용했던 모형은 주로 '페이지 위의 글자'를 사용한 방식, 바로 책book이었다.

'페이지page'는 오랜 시간에 걸쳐 진화했다. 점점 가벼워지고 점점 쉽게 지닐 수 있도록 변해왔다. 석판이나 점토판으로 시작해 파피루스 두루마리가 됐고, 이후에는 손으로 써서 한데 모은 책의 형태가 됐다. 시간이 흘러 동물의 가죽으로 만든 양피지가 페이지를 대체하며 좀 더 깔끔한 모습으로 변했다. 이러한 단계를 걸쳐 현대의 종이 책이 탄생했다.

소위 불 이후 인류의 가장 위대한 발명품이라는 인쇄기로 책의 대규모 발행이 가능해졌다. 이 새로운 '기계'는 기계식 프레스를 사용해 복사하는 방법을 대중화했으며 오늘날 다양한 제품의 복사본을 '찍어내는press'데 플라스틱과 폴리머polymer15, 심지어는 금속까지 사용하고 있다.

플라스틱 장난감이나 가전제품, 하물며 자동차에도 있는 '이음매seam'를

---

15 나일론, 염화 비닐 등 고분자 화합물 – 옮긴이

알아챈 적 있는가? 이음매가 있는 이유는 인쇄기의 발명 이후 우리가 사용하는 제품의 부품 대부분은 기본적으로 다양한 '시트sheets'의 복사본을 '인쇄print'해 조립하거나 '한데 묶어서bind' 제작했기 때문이다. 거의 모든 것이 책과 같은 방식으로 만들어진다. 책의 대량생산 발명 이후 우리가 사용하는 대부분 제품은 대량생산 기술을 이용해서 만든다.

인쇄기의 '가동 활자[16]'는 맨 처음 손을 이용하고 이후에 증기, 그다음에는 전기를 이용해 산업 시대를 열었으며 기계화부터 전화電化, 컴퓨터화에 이르기까지 그 모습이 진화했다. 그 길을 따라 글자와 숫자의 디지털화로 타자기, 계산기, 마이크로프로세서가 통합됐으며 현대식 컴퓨터가 탄생했다. 첫 번째 퍼스널 컴퓨터의 '킬러 앱killer app[17]'은 워드 프로세싱인데, 가장 인기 높은 워드 프로세싱 프로그램으로 마이크로소프트의 '워드Word'와 애플의 '맥라이트MacWrite'가 꼽힌다.

이것은 우리를 월드 와이드 웹의 세계로 데려다줬다. 이는 진실로 가장 위대하고 가장 놀라운 현대 발명품 중 하나가 틀림없다. 하지만 이것 역시 그대로 인쇄된 책의 산출물이라고 볼 수 있다. 웹 페이지 콘텐츠 편집을 위한 언어인 HTML조차 하이퍼텍스트와 '마크업mark-up' 언어라 부르는 두 가지 인쇄 산출물을 결합한 것이다.

마크업 언어는 수 세기 동안 사용해왔다. 전통적으로 작가의 원고 위에 편집자가 푸른 연필로 수정이나 검토, 지시 내용을 적은 종이 원고의 '마킹 업marking up'에서 그 발상과 전문 용어가 진화한 것이다. 수 세기 동안 숙련된 인쇄공인 '마크업 맨mark-up man'이 이 업무를 수행했다. 원고를 넘겨 손으로 조판하기 전, 글자에 마크업을 해 각각의 파트에 적용할 폰트와 스타일, 사이즈를 표시했다. 프레젠테이션 인스트럭션과 콘텐츠를 분리하기 위해 태그를 사용했던 가장 초창기 디지털 마크업 언어 중 하나

---

16 movable type. 개별 글자를 재배열할 수 있는 기술 - 옮긴이
17 출시와 동시에 시장을 재편하는 위력적 상품이나 서비스를 말한다. - 옮긴이

는 '스크라이브Scribe'다.

스크라이브는 국제표준화기구ISO, International Standards Organization가 정한 문서 처리표준인 SGML[18]의 초석이 됐다. 몇 년 후, 팀 버너스 리Tim Berners-Lee 가 SGML과 하이퍼텍스트를 합쳐 HTMLHypertext Markup Language을 개발했다. 그는 HTML을 하이퍼링크 페이지를 연결할 수 있는 혁신적이고 새로운 프로토콜인 HTTPHyper Transfer Protocol와 결합했고, 넥서스Nexus라 불리게 된 새로운 웹 브라우저, 월드 와이드 웹이 1990년에 탄생했다. 이후 1993년 마크 앤드리슨Marc Andreessen이 보다 강력하고 대중적인 모자이크Mosaic를 개발했으며 이로써 사람들은 세상의 웹을 쉽게 이용할 수 있었다.

글로벌 전자 도서관이라고 할 수 있는 월드 와이드 웹은 하이퍼텍스트로 도서관의 책, 즉 웹사이트 페이지를 연결한다. 우리가 찾는 도서를 사서 에게 물어 도움을 받는 것과 마찬가지로, 웹(도서관)의 페이지를 찾기 위 해 구글Google에게 물어 도움을 받는다. 이 은유를 좀 더 과장해서 표현하 면, 온라인에서 페이지를 읽는 과정을 '스크롤scroll[19]'이라고 부른다. 그 리고 페이스북Facebook은… 이미 이름에 '책book'이라는 말이 들어 있지 않 은가?

쓰인 글자와 단어, 페이지 및 퍼블리싱 포맷의 일관된 주제가 월드 와이 드 웹의 디자인 아키텍처의 주를 이루며, 우리가 디지털 정보를 공유하는 방식은 오늘날에도 여전히 '책'의 모형이 그대로 적용되고 있다는 생각을 뒷받침한다. 그것은 인류의 문화적, 과학적 진보의 핵심 열쇠가 되긴 했 지만, 기껏해야 유리 한 장 뒤의 세계에 대한 상징적이고 2차원적인 정보 일 뿐이다. 그것은 추상화 계층이다. 세계 그 자체가 아니다. 실제 세계의 사람과 장소 및 사물을 연결하도록 설계돼 있지 않다. 또한 물리적 영역

---

18 Standard Generalized Markup Language. 컴퓨터를 매개로 전자 문서를 정보 손실 없이 전송, 저장, 자 동처리하기 위한 문서처리표준 – 옮긴이
19 종이 두루마리 – 옮긴이

의 활동, 즉 **공간** 작용을 포함해 설계되지도 않았다.

저명한 학자인 알프레도 코집스키[Alfredo Korzypski]가 말한 '지도는 영토가 아니다'라는 문장은 우리의 언어가 실제 세상의 극히 일부만 포착하고 있음을 상기시킨다. 그러나 공간 웹을 사용하면, **지도는 영토가 된다**. 단순히 책 속이나 스크린 위의 '세계에 대해' 읽는 행위를 넘어, 정보가 **세계에서** 제공되고 **세계로** 제공되는 세상에 직접 참여할 수 있다. '책'의 모형이었던 우리의 세계 모형을 새로운 모형인 **세계 그 자체로** 발전시킬 때가 바로 지금이다.

세계의 모형

책

세계

공간 인터페이스의 필연성

공간적 생물인 인간은 공간 현실에서 살아간다.

우리의 생명 활동은 수십억 년 동안 공간 환경 안에서 진화했다. 시각과 청각, 인지, 움직임 모두 공간 현실을 차지하는 공간적 생물이라는 맥락에서 발달해왔다. 우리는 3차원의 공간(6 자유도)과 시간을 경험한다. 그 차원에는 '현실'처럼 경험한 모든 것이 포함된다.

인류 역사의 과정을 통틀어 주요한 주제는 환경을 통제하려는 충동과 욕구였다고 말할 수 있다. 우리의 손으로 움직이고, 우리의 의지대로 바꾸고, 우리가 유용하고 유의미하다고 여기는 형태로 변형하고자 한다. 현실을 통제할 수 있는 커다란 힘을 얻기 위해 인간은 기술을 만든다. 인류의 조상은 가장 최초의 기술로 알려진 '막대기'를 이용해 땅속 흰개미를 잡아먹었다. 이들은 막대기로 물리적 한계를 넘어서 도달할 수 있는 범위를 확장했고 풍부한 단백질 공급원에 접근할 수 있었다.

기술은 인간의 몸과 뇌의 능력을 강화하고 확장할 수 있다. 가장 원시적인 땅을 파는 도구부터 첨단 로봇공학에 이르기까지, 최초의 주판부터 최첨단 인공 지능에 이르기까지, 기술은 공간과 시간, 물질을 통제할 수 있는 능력을 기하급수적으로 끌어올렸다(집단 이익을 위한 환경 조작이 그 예다).

디지털화는 간단히 말해, 현실을 통제하는 능력을 끌어올릴 목적으로 오랜 시간 동안 발명된 최신 기술이다. 이로써 '현실의 외부 상태'를 디지털 정보로 변환할 수 있고, 컴퓨터를 사용해 이를 편집, 조작, 공유 및 개선하고, 상황에 맞게 변경하거나 업데이트하고 가치 있게 만들 수 있다.

앞에서 언급했듯, 디지털화가 걸어온 길은 숫자에서 시작해 글자와 이미지, 오디오, 비디오로 이어졌다. 이 모든 단계를 거칠 때마다 제작과 편집, 배포 및 공유가 점점 수월해지고 효율성이 높아졌으며, 가치 역시 더욱 상승했다.

공간화는 디지털화의 놀라운 혜택과 능력을 우리가 사는 물리적 세계의 모든 측면으로 확장하고 그 과정에서 가치 있는 새로운 제품과 서비스, 비즈니스 모델을 개발하는 기술이다. 이는 공간 컴퓨팅이 이전의 개인 컴퓨팅 및 모바일 컴퓨팅과 마찬가지로, 소비자, 공공, 민간, 교육 부문 등 모든 사회적 측면에 일제히 혜택을 줄 수 있는 매우 드문 기능이 있기 때문이다.

그 혜택은 작업을 설계하고 계획하며 시각화 및 테스트하는 건축가와 산업 엔지니어, 과거의 환경을 시뮬레이션하는 과학자, 미래 트래픽 영향의 시뮬레이션이 필수인 도시 계획가에게 확장된다. 또한 비디오 게임, TV, 영화, 수술을 지원하거나 교육하는 시뮬레이션 등 복잡한 의료 및 의학 프로그램, 새로운 시대에서 우리의 관계를 재해석하는 예술가에 이르기까지 다양하게 확장된다.

우리가 이야기하는 것이 배송 상황을 추적해야 하는 선박이나 운송 또는 물류 회사든, 길 건너 공원에서 자녀의 놀이방으로 가상 캐릭터를 전송하는 부모의 능력이든, 모나코나 달을 가로지르는 경주에 가상 페라리를 임대할 능력이든 상관없이, 공간 컴퓨팅은 정보로 우리의 관계를 인간답게 만든다.

세대별 새로운 컴퓨팅 기술로 컴퓨터 인터페이스는 더 자연스럽고 직관적으로 변해왔다. 컴퓨터와의 초기 상호 작용에서는 숙련된 기술자가 필요했다. 오늘날에는 평범한 어린아이도 스마트폰의 터치스크린을 사용하고, 알렉사Alexa나 시리Siri 같은 음성 어시스턴트와 직접 대화하는 데 아무런 어려움이 없다.

이러한 진화 트렌드를 주도하는 것은 무엇이며 컴퓨팅의 미래에 어떤 영향을 미칠 것인가?

인간 컴퓨터 상호 작용HCI, Human Computer Interaction은 생물학적으로 결정된다. 우리는 키보드에서 마우스까지, 영숫자alphanumeric 디스플레이에서 그래픽 사용자 인터페이스까지, 또 스마트폰의 터치스크린 디스플레이에 이르기까지, 직관적이고 자연스러운 인터페이스를 향한 꾸준한 발전을 지켜봤다. 이제 우리는 그다음 단계인 음성, 시선, 제스처를 포함한 VR 및 AR인 '공간' 인터페이스로 넘어가고 있다. 공간 컴퓨팅은 새로운 기술 발전일 뿐만 아니라, 인간 두뇌와 컴퓨터 두뇌의 더욱 긴밀하고 심화된 연결을 의미한다.

단지 재미있고 새로운 기술이라는 이유로 VR과 AR로 옮겨가는 것이 아니다. 인간은 깊이 지각을 지닌 양안시兩眼視[20]가 있으며, 이것이 생물학적으로 일치하는 유일한 기술이기 때문이다. 인간의 두뇌와 신경계의 생물학으로 움직이는 이 기술은 점점 더 유용해질 것이고, 이로써 우리는 더 효율적이고 효과적인 상호 작용을 하게 될 것이다.

망막에는 1억 5천만 개의 빛에 민감한 간상세포rod와 원추세포cone가 있다. 뇌의 시각 처리를 담당하는 뉴런은 촉각과 청각이 피질의 8%와 3%를 각각 차지하는 것과 달리, 피질의 약 30%를 차지하고 있다.

이건 단지 일부에 불과하다. 인간은 그 어떠한 형태의 데이터보다 시각적

---

20 두 눈을 이용해 대상을 입체적으로 보게 하는 기능 – 옮긴이

데이터에 가장 빠르게 반응하며 가장 잘 처리할 수 있다. 일부 통계에 따르면, 사람의 뇌는 텍스트보다 이미지를 60,000배 더 빠른 속도로 처리하며 뇌에서 처리하는 정보의 90%가 시각적 정보라고 한다. 사실상 뇌의 30%가 시각 시스템에 전념하고 있다는 것이다. 우리는 단어나 숫자보다 시각적 패턴을 무척 빠르게 인식하기 때문에 훨씬 빠르게 반응할 수 있다.

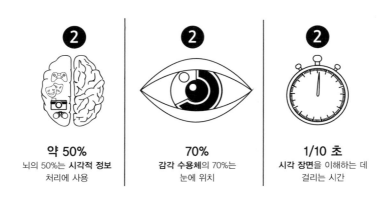

약 50%	70%	1/10 초
뇌의 50%는 **시각적 정보** 처리에 사용	**감각 수용체**의 70%는 눈에 위치	**시각 장면**을 이해하는 데 걸리는 시간

최근 3D 양안시 인터페이스의 생물학적 니즈 때문에 VR 및 AR 기술이 '눈eye 중심' 인터페이스 단계로 발전할 수 있도록 수십억 달러에 달하는 금액이 투자되고 있다. 그 밖의 다른 기술은 너무나 비효율적이다. 전 세계 데이터의 90%가 지난 2년 동안 생성됐으며 속도 역시 변함이 없다.

아주 다양한 소스에서 비롯된(웹사이트와 소셜 미디어부터 모바일 기기 사용에 이르기까지) 빅 데이터의 폭발적 증가로 개인이나 조직이 데이터를 이해하기가 어려워졌다. 차세대 웨어러블과 IoT 센서를 장착해도 실시간 데이터를 해석해 유용한 의사결정 정보로 변환하기란 정보가 존재하는 방식을 업그레이드하지 않고는 거의 불가능하다.

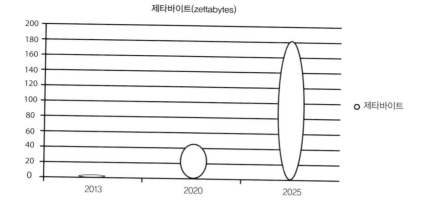

제타바이트(zettabytes)

데이터의 폭발적 증가에 대처하려면 공간 인터페이스가 필요하다. 보고, 탐색하고, 수정하고, 공유하고, 결정을 내리고, 여러 대안을 시뮬레이션하는 데 이를 사용할 수 있어야 한다. 2025년의 스프레드시트는 "만약…라면 어떻게 될까?"라는 질문을 던지면 필요한 내용이 3D 몰입형 예시로 나타나는 결과를 확인할 수 있는 시뮬레이션 공간일 가능성이 크다. 이것이 곧 '책'의 모형이 아닌 새로운 유형의 모형, 즉 '세계'의 모형이라 할 수 있다.

인류의 언어 역시 한층 더 시각적으로 변화할 것이다. 웹 2.0의 '밈meme', 이모지emoji, 스냅, 틱톡 등과 웹 2.5 기업의 '렌즈lense'는 이러한 미래가 다가온다는 전조다.

공간 컴퓨팅의 부상은 컴퓨팅 시스템의 진화에서 필수적인 다음 단계가 될 것을 의미한다. 또한 컴퓨터와 인간 간 상호 작용의 지속적인 진화 속 공간 웹의 중요성을 부각한다. 2020년부터 2030년까지 5G 모바일 기술은 전 세계로 퍼져나가 저지연low-latency 공간 경험을 누릴 수 있는 글로벌 모바일 네트워크를 제공할 것이다. 5G 네트워크 기술의 확산은 공간 인터페이스 기술의 비용 절감 및 품질 향상과 맞물려, 공간 웹의 전 세계적 도입으로 빠르게 몰아갈 것이다. 그 이유는 공간 웹이 단지 흥미로운 인터페이스라서가 아니라 생물학적으로 결정된 것이기 때문이다.

이 사례로 알 수 있듯, 공간 웹은 우리의 세계를 창출하고 문자나 숫자를 사용하는 것보다 수천 배 더 효율적으로 우리와 상호 작용하는 방법을 만들어 갈 것이다. 공간 웹으로 교육을 개선할 수 있고, 더 많은 경제적 풍요를 누리게 될 것이며, 기술은 더 빠르게 진보할 것이다. 역사는 이 순간을 물이 얼음으로 변화하는 것과 같은 상태 변화^{State Change}로 바라볼 것이다.

공간 웹 기술 스택

실제 세계의 새롭고 강력한 웹이 동일한 기술 프레임워크와 '감시 자본주의' 체제에서 운영되는 미래는 곧 대재앙의 시작임을 예측할 수 있다. 우리의 웹사이트가 해킹을 당하는 대신, 집과 회사, 드론, 자동차, 로봇, 감각, 생체 정보가 해킹의 대상이 될 것이다. 현재 웹의 중심이라 할 수 있는 프로토콜의 전반적 로직과 아키텍처는 새로운 웹이 제공하는 기회와 발생 가능한 위험에 맞게 설계되지 않았을 뿐 아니라 적절하지도 않다.

공간 웹의 가능성을 실현하고 기존 웹의 결함을 해결하려면 새로운 다차원의 웹에 적합한 새로운 공간 웹 프로토콜 및 표준이 필요하다. 새로운 프로토콜 및 표준에 적합한 설계 구조, 즉 명확하고 탄탄하게 설계됐으며 공간, 인지, 피지컬 및 분산 컴퓨팅 트렌드를 포괄적으로 지원할 수 있는 사양specification이 필요하다. 이 사양은 처음부터 철저히 적용 설계 및 기본 설정by design and default된 개인 정보 보호, 보안, 신뢰 및 상호 운용성의 보편적 가치를 태생적으로 지원하는 웹의 토대를 마련할 수 있어야 한다. 또한 실제와 가상 공간, 두 곳 사이를 사람, 사물, 화폐 등이 원활하게 이동할 수 있도록 보편적 표준으로 설계돼야 한다.

웹 3.0 스택의 주요 내용

웹 3.0을 단 하나의 기술로 설명할 수는 없지만, 대표적 컴퓨팅 기술의 통합 '스택stack'으로 인터페이스Interface, 로직Logic, 데이터Data 계층으로 구성된 3계층 구조에 따라 풀어서 말할 수는 있다.

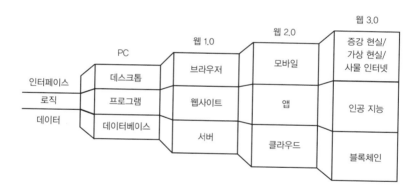

웹 3.0은 공간 컴퓨팅(AR, VR, MR), 피지컬 컴퓨팅(IoT, 웨어러블, 로봇공학), 인지 컴퓨팅(머신 러닝ML, 인공 지능AI) 및 분산 컴퓨팅(블록체인, 에지) 기술을 이용함과 동시에 하나의 통합 스택으로 활용한다. 웹 3.0의 세 계층은 이 네 가지 컴퓨팅 기술로 채워진다.

인터페이스 계층: 공간Spatial 컴퓨팅은 공간 환경에서 발생한다. 전형적으로 증강 현실이나 가상 현실 헤드셋, 스마트 안경, 햅틱 디바이스와 같은 공

간 주변 장치를 사용해 디지털 콘텐츠 및 객체를 보고, 말하고, 표현하고 손으로 만질 수 있다. 우리는 공간 컴퓨팅으로 가장 직관적인 방식으로 자연스럽게 컴퓨터와 연결될 수 있다. 또한 생물학적·생리적으로도 우리와 가장 잘 들어맞는 기술이다.

인터페이스 계층: 피지컬 Physical 컴퓨팅은 센서, 웨어러블, 로봇공학 및 기타 사물 인터넷 장치가 포함된다. 컴퓨터가 현실 세계의 사물을 보고, 듣고, 느끼고, 냄새 맡고, 만지고 움직일 수 있게 만드는 기술이다. 우리는 피지컬 컴퓨팅으로 전 세계 어디에서든 컴퓨터와 연결되며 정보를 수신하는 것은 물론, '작업actions'도 송신할 수 있다.

로직 계층: 인지 Cognitive 컴퓨팅은 인간의 사고 과정을 모형화하고 모방한다. 여기에는 스마트 계약, 머신, 딥 러닝, 신경망, 인공 지능, 심지어는 퀀텀 컴퓨팅quantum computing(양자역학 컴퓨팅)까지 포함된다. 공장에서 제조부터 무인 자동차에 이르기까지, 작업, 운영 및 공정의 자동화, 시뮬레이션 및 최적화가 가능하게 만듦과 동시에 인간의 의사 결정을 돕고 개선한다.

데이터 계층: 분산 Distributed 컴퓨팅은 블록체인과 분산 원장 등 컴퓨터 스토리지나 에지 컴퓨팅 등 컴퓨터 프로세싱에 참여하는 수많은 장치와 각 장치 간 공유되는 기술이다. 일반적으로 분산 컴퓨팅은 대규모 데이터 스토리지 및 프로세싱의 품질, 속도, 보안, 신뢰를 높여주며 공간 웹에 필수적이다.

웹 3.0 스택의 세부 내용

인터페이스 계층: 공간 컴퓨팅

가상 현실, 증강 현실 및 혼합 현실

공간 컴퓨팅은 물리적으로 가장 자연스럽고 직관적인 방법으로 3D 공간의 디지털 정보와 콘텐츠, 객체를 보고 이들과 상호 작용하는 방식이다.

약 15년마다 컴퓨터와 상호 작용하기 위한 컴퓨팅 인터페이스가 새롭게 등장함과 동시에 무대를 장악했다. 1980년대 데스크톱 PC, 1990년대 중반의 웹 브라우저, 2010년대 터치스크린 스마트폰이 그러했다. 공간 컴퓨팅 기술은 컴퓨터 인터페이스에 근본적인 변화를 가져온다.

중요한 의미가 있는 세 개의 '시대'는 인간과 정보의 상호 작용을 뚜렷하게 드러낸다. 첫 번째 시대는 음성으로 나타내는 구어에서 문자의 발명으로 변화했다. 두 번째 시대는 인쇄의 발명(손으로 쓰는 문자에서 인쇄된 문자로)에서 발생했다. 그리고 세 번째 시대는 스크린(물리적 스크린에서 디지털 스크린으로)이었다. 시대마다 경제와 정치, 사회의 획기적인 변화가 일어났다. 아마도 여러분은 각각의 시대가 친숙한 용어로 농업화 시대, 산업화 시대, 정보화 시대라는 사실을 알아차렸을 것이다. 이를 정보와의 관계 발전에서 비롯된 진화적 변화로 보는 관점은 다음 시대의 중요성을 크게 부각한다. 공간 기술은 차세대 진화된 인터페이스이며, 스크린으로부터 우리를 둘러싸고 있는 세계를 향해 우리의 관심을 지속적으로 돌리고 있다. 이것은 과거 어떤 시대보다 큰 규모로 훨씬 더 거대한 영향을 미칠 것이다.

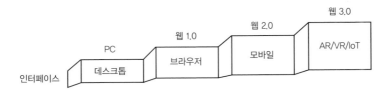

웹 3.0의 가장 직접적인 경험은 인터페이스를 통해 이뤄질 것이다. 공간 컴퓨팅과 함께 인터페이스는 문자 그대로 세상 전체가 된다. 주변 모든 곳에 표시되는 데이터로 우리는 음성, 생각, 터치, 제스처를 통해 상호 작용할 수 있으며, 우리의 정보, 아이디어, 상상력에 새로운 차원을 더해줌으로써 상호 작용에 몰입하고 참여할 수 있다.

먼저, 공간 컴퓨팅의 주요 유형 간 미묘한 차이를 살펴보자.

가상 현실VR은 다른 공간에 있는 경험을 하게 만드는 기술의 한 형태다. 몰입형 감각 경험을 위해 이미지와 소리, 감각까지 만들어내서 사용자는 마치 다른 곳에 있는 것처럼 느끼게 된다. 여기에서 다른 곳이란 다른 나라의 가상 투어, 〈노 맨즈 스카이No Man's Sky〉 등 VR 세계나 현실과 가상이 결합된 혼합 현실MR, Mixed Reality이 될 수 있다. 가상 현실의 몰입은 비물리적 세계에 물리적으로 존재하는 듯 느끼게 한다. 가상 현실은 교육, 훈련, 프로토타이핑, 엔터테인먼트 목적의 완전한 몰입형 시뮬레이션으로 들어가는 것을 가능케 한다.

가상 현실에서 여러분이 꿈꾸는 모든 것들을 경험할 수 있다. 헤드셋을 쓰고 물리적 세계, 우주나 가상 우주의 어디든지, 과거, 현재나 미래를 비롯해 역사 속 어느 시점이든 전송되는 경험을 할 수 있다. 가능한 모든 상황과 시나리오를 광범위하게 경험해보라. 여러분 자신의 모습도 좋고 다른 모습도 문제없다. 크거나 작거나, 나이가 많거나 적거나, 사람이거나 아니거나 원하는 모든 캐릭터가 될 수 있다. 동맥 속에서 백혈구가 바이러스의 침략에 맞서 싸우는 상황을 구경한다거나 우주의 탄생을 지켜보며 공간과 시간을 광속으로 여행해보라. 가상 현실은 프로그램이 가능한 상상력이다. 그것은 경험 응용의 한계가 없다.

실용적 측면에서 본다면 가상 현실은 설계와 레이아웃의 변경을 위한 도시 계획, 주거 디자인이나 건설 현장 등에서 협력하고 반복할 수 있다. 설계자는 첫 삽을 뜨기 훨씬 이전에 이상적인 사용자 경험을 시뮬레이션할 수 있다. 과거 기술의 유산 역시 몰입형 기술을 사용해 프로토타입[21]할 수 있다. 가상 현실 기술은 시뮬레이션 및 프로토타입과 함께 걷고, 날고, 상호 작용하는 직접적 경험을 제공한다. 그 결과, 우리는 더 훌륭한 집이나 회사, 도시, 제품을 얻을 수 있다.

몰입형 미디어는 우리를 서로 더욱 가깝게 느끼고 인도주의적 위기 등 글로벌 이슈에 직접적으로 연결됐다고 느끼게 만든다. 가상 현실은 우리가 실제로 함께 있지 않으면 보통 드러내지 않는 일종의 공감적·감정적 반응을 끌어내는 텔레프레전스telepresence[22]의 한 형태다. 이것은 다른 매개체로는 그야말로 불가능한 경험을 제공한다. 불교 미술로 채워진 1500년 된 동굴의 3D 복제모형으로 들어갈 수 있는 마법 같은 힘을 허락해준다. 요르단 난민 캠프 속 시리아 어린이의 상황이나 다리 건너에서 노트르담 대성당이 불에 타는 모습을 바라볼 수 있게 한다. 우리는 연결됐음을 느낀다. 불교 신자나 시리아인 또는 파리지앵이어서가 아니라, 이 매개체로 우리 모두 인간적인 경험을 공유하기 때문이다.

증강 현실AR은 사람이 위치한 물리적 장소를 보여주는 가상 현실과 달리,

---

21 새로운 컴퓨터 시스템이나 소프트웨어의 평가 등을 위해 간략하게 구현한 시제품 – 옮긴이
22 떨어져 있는 참가자들이 실제로 같은 방에 있는 것처럼 느끼게 하는 가상의 원격화상회의 – 옮긴이

물리적 세계에서 디지털 사진이나 정보, 3D 객체가 겹쳐져 나타난다. 디지털 콘텐츠나 객체는 물리적 객체와 공간적으로 연결된다. 예를 들자면, 정비문서를 장비에 부착하거나, 발견되지 않도록 거실에 캐릭터를 숨길 수 있다. 증강 현실에서 객체는 텍스처, 라이팅 등 우리가 물리적 객체에 기대하는 행동의 모든 방식으로 환경에 동적으로 반응할 수 있다.

증강 현실을 이용하면 로마 콜로세움에서 휴가를 보내는 동안 그저 스마트폰을 집어 들거나 스마트 안경을 쓰고 서기 200년의 모습을 볼 수 있고, 관중석에서 역사적 검투사의 전투를 볼 수도 있다. 타임스 스퀘어에 방문해 친구들이 포스팅한 인스타그램 사진, 페이스북 포스트, 옐프^{YELP}에 리뷰한 실제 장소를 보는 것도 가능하다. 실제 갤러리에서 가상의 미술 작품을 감상할 수도 있다. 몇 마디 설명 문구 대신 메뉴의 음식이 실제로 튀어나오기도 한다. 증강 현실로 당신의 선호도와 관련 부위에 따라 선별된 새 안경, 신발, 시계 등을 착용해볼 수 있다. 외국을 여행하며 그 나라의 모든 표지판을 당신의 모국어로 볼 수 있고, 모든 빌딩과 사람을 마치 웨스테로스^{Westeros23}나 〈스타워즈〉 혹은 빅토리아 시대에서 온 듯한 모습으로 겹쳐서 볼 수도 있다.

증강 현실을 사용하는 유지 관리 작업자는 장비 자체를 쿼리해 디바이스 자체에서 관련 문서나 계획, 다이어그램, 보고서, 분석자료 등을 2D나 3D로 표시하도록 요청함으로써 공장이나 광산, 농장, 전력망에서 장비의 유지 관리 기록 내역을 볼 수 있게 된다. 가전제품이나 새 자동차는 대화형 튜토리얼을 제공한다. 산업 장비는 진단 및 유지 보수 내역을 표시할 수 있다. 식료품점이나 쇼핑몰은 휴대폰 화면에 지도를 나타내는 것뿐만 아니라, 사용자 눈앞에서 펼쳐지는 3D 지도와 내비게이션을 제공하고 당신이나 배달원, 로봇 피커를^{robot picker} 라우팅^{routing24}해 이상적인 경로로 작

---

23 미국 드라마 〈왕좌의 게임〉 속 배경이 되는 대륙 - 옮긴이
24 목적지까지 갈 수 있는 여러 경로 중 하나를 설정해주는 과정 - 옮긴이

업을 완료할 수 있게 해준다. 또한 제품 자체에 모든 관련 정보와 공급망 기록까지 표시해 제품의 유기적 출처, 공정 사용 또는 지속 가능 모범사례를 확인할 수 있다.

증강 현실은 기업의 생산성을 크게 높일 수 있다. 증강 현실이 발전함에 따라, 기술자에게 몰입형 단계별 지침을 제공함으로써 성과를 개선하고 시간과 비용을 절약할 수 있다. 증강 현실을 활용한 참여형 시뮬레이션 및 훈련 방법으로 효과적이고 정확한 작업이 이뤄지며, 더욱 안전한 작업 환경이 조성된다. 기계와 각 부품의 내부 요소의 정확한 시각화는 다양한 시나리오의 풍부한 시뮬레이션을 제공할 수 있어 심층적 지식을 습득하고 깊이 이해하는 데 도움을 준다.

인터페이스 계층: 피지컬 컴퓨팅

사물 인터넷(IoT)

피지컬 컴퓨팅은 컴퓨터로 물리적 세계를 감지하고 제어하는 방식이다. 컴퓨터와 실제 세계의 관계를 통해 디지털 세계와 우리의 관계를 이해할 수 있다. 피지컬 컴퓨팅은 공간 웹의 근육으로 이뤄진 감각적 하드웨어 계층이다.

우리는 산업 시대의 4번째 물결 속으로 들어섰다. 첫 번째는 증기, 두 번째는 전기, 세 번째는 컴퓨터, 네 번째는 센서와 비콘, 액추에이터, 로봇 공학 및 머신 러닝의 통합 네트워크다. 이러한 '가상 물리' 시스템(인더스트리 4.0의 핵심 기술)이 내일의 스마트 그리드smart grid25, 가상 발전소, 스마트 홈, 지능형 교통 및 스마트 도시를 움직이게 할 것이다. 사물 인터넷은 기존 인터넷 네트워크 인프라를 사용해 물체를 원격으로 감지하거나 제어할 수 있어 물리적 세계와 컴퓨터 기반 시스템을 직접적으로 통합할

---

25 전력 공급자와 소비자가 실시간 정보 교환하는 차세대 지능형 전력망 – 옮긴이

새로운 기회를 창출한다. 그 결과, 효율성과 정확성이 향상되고 경제적 이익이 증가한다.

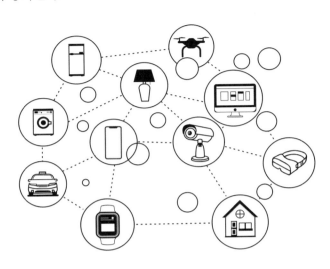

우리가 컴퓨터에 접속하듯, 웹 3.0의 컴퓨터는 사물 인터넷을 통해 세계에 접속할 것이다. 사물 인터넷에서 '사물'의 의미는 심장 모니터링 임플란트, 농장 동물에 장착된 바이오칩 트랜스폰더, 연안 해역 야생 동물을 생중계하는 카메라, 센서가 내장된 자동차, 환경 · 식품 · 병원체 모니터링을 위한 DNA 분석 장치, 소방관의 수색 및 구조 작업을 지원하는 현장 작업 장치 등 그 범위가 무척 넓다. 노토 라 디에가Noto La Diega와 월든Walden 은 「사물 인터넷 계약: 네스트 연구Contracting for the Internet of Things: Looking into the Nest」에서 사물 인터넷을 '하드웨어, 소프트웨어, 데이터와 서비스의 불가분적 혼합'이라고 공식적으로 정의했다. 일반적으로 사물 인터넷은 인터넷에 연결된 물리적 장치의 네트워크이며 데이터를 공유할 수 있다. 센서, 스마트 소재, 웨어러블, 인제스터블, 비콘, 액추에이터, 로봇 등 인터넷과 연결된 장치로 스마트 기기, 실시간 건강 상태 모니터링, 자율 주행 자동차, 스마트 의류, 스마트 시티 등이 상호 연결돼 데이터를 교환하고 실제 세계에서 활동을 수행할 수 있다.

사물 인터넷은 모든 사물을 디지털화해 사람, 장소, 사물에서 데이터를 수집한다. 이것을 지구의 '읽기·쓰기' 인터페이스 계층으로 간주해보라. 온도, 압력, 습도, 밝기, 소리, 움직임, 속도, 위치를 비롯해 그 이상의 것들을 감지할 수 있는 행성 규모의 피부와 감각 같은 1조 개의 센서가 전 세계에 배치될 것이다. 이는 사물 인터넷에 초인적 힘을 부여하고, 이 네트워크 장치로 뉴욕의 고층 건물의 연기, 인도네시아 쓰나미 발생 전의 조류 상승, 두바이의 100세 노인의 혈압을 감지해 건물의 화재를 막고 낙원의 섬 주민과 할머니의 목숨도 구할 수 있다.

더 늘어나는 연결

전문가들은 2020년까지 사물 인터넷이 약 300억 개의 개체로 구성될 것이며 앞으로 수십 년 동안 그 수가 수조에 이를 것으로 전망한다. 여기에서 진화적 트렌드는 근본적으로 더 많이 연결된 장치와 더 많은 유형의 사물을 나타낸다. 이렇게 증가한 능력을 효과적으로 적용한다면 에너지의 효율적 사용, 탄소 배출 저감, 낭비의 최소화, 도시의 설계, 질병의 예측, 전염병의 추적 등이 가능하다.

공간 웹의 피지컬 컴퓨팅 하드웨어로서의 사물 인터넷은 물리적 데이터를 수집해 인지 계층에 배포한다. 그리고 데이터 스토리지 및 컴퓨팅 목적의 블록체인, 에지 및 메시 네트워크를 통해 분산 데이터 계층에 데이터를 저장한다.

로직 계층: 인지 컴퓨팅

인공 지능(AI), 스마트 계약, 퀀텀 컴퓨팅

인지 컴퓨팅은 인간의 인지에 대한 이해를 모형화한 능력으로 다른 상황에서 적응할 수 있는 상황별 학습과 논리 체계의 디지털 애플리케이션이다. 물리적 세계에 '스마트함smartness'을 가져와 공간 웹에서 활동을 분석하고 최적화 및 규정할 수 있다.

지능(Intelligence)의 등급

웹 3.0의 로직 계층은 인공 지능과 스마트 계약, 퀀텀 컴퓨팅 같은 몇 가지 핵심 기술 형태로 인지 컴퓨팅의 트렌드에 의해 좌우된다. 수십억 개의 자체 실행 스마트 계약 및 프로그램을 바탕으로 모든 건물과 방, 사물, 현상은 스마트하게 작동할 것이며, 주변 환경은 감각을 느낄 수 있는 지각 능력을 지닌 것처럼 보일 것이다. AI, 머신 러닝, 스마트 계약, 관련 '인지' 컴퓨팅 기술은 초기 컴퓨터의 펀치 카드punch card[26] 프로그램에서 벗어나 적응력이 뛰어난 자율적이고 자기 주도적인 자체 학습 에이전트로 옮겨가고 있다. 이들은 곧 인간 지능의 능력을 능가할 것이며 기하급수적 기술의 속도와 규모, 범위를 가졌다.

위키피디아에 따르면 '인공 지능AI, Artificial Intelligence'을 인간의 지능 활동을 모방한 기계로 정의한다. 컴퓨터로 학습과 문제 해결 등 인간의 마음에 관련된 많은 것을 할 수 있다. 이러한 점에서 미래의 모든 것을 흔히 '스마트'하다고 부른다. 이것은 어떤 규칙이 프로그래밍된 컴퓨터가 제안하는 방식이다.

완벽히 이상적인 인공 지능은 인식하고 행동할 수 있는 자율적이고 동적

---

26 종이 카드에 천공하고 기계가 그 내용을 판독, 처리하던 방식 - 옮긴이

인 에이전트다. 보고, 듣고, 만지고, 자신의 환경을 프로그래밍할 수 있으며 명확하게 설정된 목표를 달성할 기회를 극대화하기 위해 행동 양식을 수정할 수도 있다. 결과적으로, 한때는 인간만이 독점할 수 있다고 여겼던 정신적, 감각적, 육체적 능력을 AI가 보유할 수 있게 되면서 '사람'에 대한 정의를 새롭게 내려야 할지도 모른다.

스마트 계약smart contract이란 '코드로서의 계약'이다. 프로그래밍 및 자동화된 자체 실행 소프트웨어로 사람의 개입이 필요한 문서 영역에서 법적 계약을 삭제한 대신, 제시된 조건이 부합되면 당사자 간의 계약을 자동으로 이행하는 시스템이다. 계약을 이행하는 프로그램을 신뢰할 수 있다면, 상대방이 그 조건을 실행할 것이라고 믿을 필요가 없다.

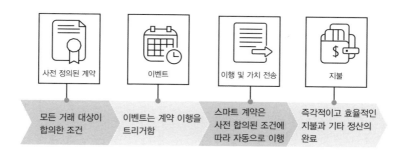

사전 정의된 계약	이벤트	이행 및 가치 전송	지불
모든 거래 대상이 합의한 조건	이벤트는 계약 이행을 트리거함	스마트 계약은 사전 합의된 조건에 따라 자동으로 이행	즉각적이고 효율적인 지불과 기타 정산의 완료

스마트 계약은 블록체인과 같은 분산 원장에 기록된 스마트 계약 자체의 타고난 불변성 때문에 기존 계약보다 우수한 보안을 제공하며 관련 비용을 절감할 수 있다. AI는 분산 원장 기술로 많은 일을 할 수 있지만, 여기에서는 데이터 기반의 초맞춤형 스마트 계약의 생성, 분석, 실행 및 이행을 가능케 하는 '더 스마트한' 계약 에이전트로서 AI의 역할을 강조하겠다.

AI와 스마트 계약 모두 협상과 이행 과정을 단순화하는 동시에 복잡하고 적극적인 합의가 수월해져 궁극적으로 효율성을 높인다. 이 모든 것이 갖춰진 파트너십은 완전히 새로운 차원의 법률과 소프트웨어 분야를 연다. 디지털 자산의 맥락에서, 스마트 계약과 AI는 사용 조건, 지불, 소유권 이

전 및 위치 기반 약관을 제공해 그들의 거래와 미래의 데이터 마켓플레이스 분석에 필요한 세그멘테이션 등 모든 공급망을 자동화할 수 있다.

더 나아가, 인지 컴퓨팅은 웹 3.0의 사물 인터넷 인프라의 수많은 센서를 통해 뿜어져 나오는 광대한 양의 데이터에 적용될 것이다. 이는 모든 영역을 아우르는 인간의 인지 및 창의적 프로세스를 가속화할 것이며 AI가 점점 더 제한 없이 가능한 미래를 탐색할 수 있도록 해줄 것이다.

다음으로 양자 컴퓨팅Quntum Computing이 로직 계층에서 수행하는 역할을 살펴보자. '고전적(전통적)' 컴퓨터라 불리는 오늘날의 컴퓨터는 정보를 2진법으로 '1' 또는 '0', 둘 중 하나로만 저장한다. 각 '비트bit'는 온on 또는 오프off 중 하나로 표현된다. 양자 컴퓨팅은 온이나 오프뿐만 아니라 온과 오프를 동시에 가질 수 있는 양자 비트, 즉 **큐비트**qubit를 사용한다. 큐비트는 고전적 컴퓨터보다 훨씬 적은 에너지를 사용하며 엄청난 양의 정보를 저장할 수 있다. 전통적인 규칙이 더는 적용되지 않는 양자 컴퓨팅 영역에 진입하면, 현재 사용하는 고전적 컴퓨터보다 획기적으로 빠른 속도로 계산할 수 있게 된다.

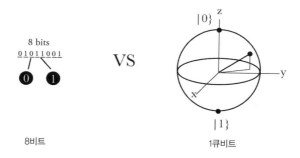

8비트   1큐비트

이로써 양자 컴퓨팅은 점쟁이가 찻잎을 읽어 운세를 점치듯이 교통의 카오스 패턴, 세계 시장의 흐름, 빛의 반사율의 미묘한 차이는 물론 어린아이의 신경 활동, 빗방울의 속도, 화가의 붓놀림을 읽어서 해석할 수 있다. 정말 마법 같고 불가능해 보이지만 우리가 존재하지 않는다고 확신했던 수치화된 패턴을 밝혀낼 것이다. 양자 컴퓨팅은 현실을 들여다보는 현미경과도 같아서, 시내 교통의 흐름이나 아이들의 학습 방식을 개선하기 위한 무수히 많은 미세 조정에 필요한 정보를 AI에 제공할 수 있는 우주의 수많은 비밀을 벗길 것이다. 양자 컴퓨팅은 가상 현실을 더욱 현실적으로 만들고, 가장 필요로 하는 곳으로 자원을 보내며, 심지어 러다이트 Luddites27가 기술을 객관적인 관점으로 이해하도록 만들 수도 있다.

공간 웹의 로직 계층에서 인지 컴퓨팅 트렌드는 컴퓨터 프로그램, 웹·모바일 애플리케이션, 클라우드 컴퓨팅이 이전 웹을 주도했듯, 양자 컴퓨팅을 비롯해 자율적으로 변화할 수 있는 적응형 인공 지능과 분산 원장으로 보안된 스마트 계약 로직을 활용할 것이다. 종합적으로, 인지 컴퓨팅 기술로 개인과 집단의 모든 일상생활을 지능적으로 자동화하는 것은 물론이고, 민간, 사회, 정치 및 경제 시스템을 운영할 것이다. 결국 우리 현실에서 이러한 알고리즘 컨트롤과 미세한 수정은 거의 '자동으로' 발생해 마치 저절로 생성되는 듯이 보일 것이다.

더 뛰어난 지능

초기에 우리는 컴퓨터 언어로 컴퓨터를 프로그래밍했다. 지금 컴퓨터는 우리의 언어로 우리에게 말하고 있다. 컴퓨터는 자신의 눈으로 세상을 바라보고, 곧 우리 삶의 모든 면에 인지 컴퓨팅을 적용할 것이다. 웹 3.0은 모든 것에 자율적 지능인 '스마트함'을 더한다.

데이터 계층: 분산 컴퓨팅

분산 원장 및 에지 컴퓨팅

분산 컴퓨팅은 데이터 스토리지와 컴퓨팅 능력을 가깝게 만들어 여러 장

---

27 산업 혁명으로 일자리를 잃었다며 기계 파괴 운동을 했던 영국 노동자 집단. 신기술반대자 ― 옮긴이

치 전반의 속도와 성능을 향상하거나 더 멀리, 더 많이 분산해 신뢰성을 높이는 기술이다.

웹 3.0 스택 아래의 데이터 계층에는 블록체인과 방향성 비순환 그래프 DAG, Directed Acyclic Graphs 등 정보의 출처를 확인할 수 있으며 분산되고 위조가 어려운 분산 원장 기술이 있다. 블록체인 같은 분산 원장 기술은 기록을 저장하는 데 전 세계적으로 중복되는 암호화된 안전한 방식을 사용한다. 기록은 전 세계의 여러 컴퓨터(또는 노드)에 분산되고 암호화돼 저장된다. 이는 이벤트와 활동, 거래 기록을 전 세계적으로 공유하는 원장으로 해킹이 거의 불가능하다. 노드는 각각의 새로운 기록을 검증하기 위해 경쟁하도록 재정적 인센티브를 받을 수 있으며 데이터가 네트워크에 연결된 다른 데이터와 일치하지 않으면 처벌을 받을 수도 있다. 블록체인 기술을 사용하면, 가장 최신 기록 및 거래 정보가 데이터 '블록block'으로 묶이고 네트워크의 모든 노드에서 정확성이 검증되면 이전 블록의 '체인chain'에 추가된다.

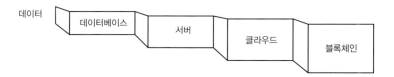

방향성 비순환 그래프는 또 다른 형태의 분산 원장 기술이다. 이는 여러 거래 정보에 연결된 개별 거래 정보의 네트워크다. DAG는 거래 정보 블록의 체인을 하나의 거래 정보를 다른 것에 계속해서 연결하는 가지를 이용한 나무와 같은 구조로 바꾼다. 어떤 사람들은 DAG를 블록체인의 대체물로, 또 일부는 보완된 기술로 본다. 어느 쪽이든, 암호화, 사회적 합의 및 혁신적 알고리즘의 조합을 통해 분산 원장 기술은 '데이터 출처'를 보장할 수 있다. 인간 사이의 해묵은 신뢰 문제를 해결할 수 있는 솔루션을 제공하기 위해 새로운 세대의 블록체인 스타트업이 생겨났다. 오늘날 우리는 글로벌 금융 거래부터 의료 기록 저장, 공급망 인증, 디지털 자산 판매, 심지어 물리적 및 디지털 수집품의 공동 관리 등에 이르기까지 모든 것을 위한 분산 원장 기술 기반 솔루션의 등장을 볼 수 있다.

분산 원장 기술은 모든 신원, 계약, 거래 및 화폐를 신뢰하고 확인할 수 있게 해준다. 신뢰성은 분산 원장 기술의 고유한 아키텍처에서 생겨나기 때문에 신뢰할 수 있는 중앙 기관 역할을 하는 기업, 정부 등 유사 기관에 의존할 필요가 없다. 이 기술은 진정으로 개방되고 분산된 새로운 경제와 정보 시장을 약속한다. 많은 신기술과 마찬가지로 분산 원장 기술 역시 표준화, 확장성 및 성능 문제에서 벗어날 수 없다. 하지만 역사가 증명하듯, 필요성이 충분하다면, 이러한 문제는 결국 해결되고 극복될 것이다. 그리고 그 필요성은 대단히 크다.

웹 3.0의 데이터 계층이 안전하고 신뢰할 수 있어야 공간 웹을 장기적으로 운영할 수 있다. 공간 기술이 만드는 초현실적이고 초개인화된 높은 몰입도의 경험적 '현실'(우리의 정보와 상상을 세상 자체에 투영하고 눈앞에 보여주는)은 "보는 것이 믿는 것이다"라는 옛 격언을 받아들이기가 점점 힘들어진다는 것을 의미한다.

인공 지능의 최근 컴퓨터 비전 및 렌더링 능력의 발전과 우리의 얼굴, 표정 및 음성에서 우리 주변 세계의 물체 및 환경에 이르기까지 모든 것을 인식하고 재창조하는 능력을 감안할 때, **현실**과 **비현실**, 진실과 거짓을 어떻게 결정해야 하는가의 문제는 공간 웹 신뢰의 심각성을 강조한다. 이러한 기술은 우리가 보거나 느끼는 것, 현실의 상호 작용, 정보를 속이는 능력뿐만 아니라 우리의 정보를 파헤치고 영향력을 미치고 우리를 상대로 광고하고 거래를 조장하는 힘까지 얻게 될 것이다.

이는 개인, 사회, 정부 및 경제의 미래에 심각한 문제를 일으켜 위험에 빠뜨린다. 반드시 중요한 데이터 보안 기반을 먼저 마련해야 한다. 그다음, 채택 및 시행을 지원할 수 있는 보편적인 표준과 정책이 뒤따라야 한다.

우리는 현실 속의 인물과 사물, '장소'를 확실하게 신뢰할 수 있어야만 한다.

그런데 우리의 감각을 믿을 수 없는 세계 속에서 어떻게 신뢰를 쌓을 수 있을까? 현재의 불안전한 웹 아키텍처를 기반으로 구축된 이러한 기술이 인간과 알고리즘 모두 악의적인 주체에 의해 도용되고 남용될 소지는 용납할 수 없는 위험과 위협이 된다.

문명의 도래 이후 인간은 줄곧 가치를 지닌 물건이나 자산과 관련된 신뢰할 수 있는 기록을 만들려 끊임없이 노력했다. 문명, 경제, 법률 및 규범은 신뢰할 수 있는 기록에 의존하고 있다. 이 기록은 가치 있는 물품에 관한 다음과 같은 중요한 질문에 믿을 수 있는 답변을 할 수 있어야만 한다.

그것은 무엇인가? 그것의 소유자는 누구인가? 그것으로 무엇을 할 수 있는가? 그리고… 그것은 어디에 있는가?

출처는 곧 '신뢰할 수 있는' 기록을 만든다. 이는 어떠한 것에 관한 설명, 소유권, 관리, 장소 및 위치의 역사적 기록이다. 문자, 숫자, 부기, 계약, 지도, 법률, 은행 및 정부 기관 등 기술적이고 사회적인 발명품이 물리적 세계 속 기록의 출처를 다루고 관리하기 위해 등장해왔다.

하지만 제국이 무너지고, 은행이 파산하고, 기업이 문을 닫는다. 우리의 데이터 기록도 시간의 흐름에 취약하다. 그래서 이들과 마찬가지로 많은 역사적 기록이 먼지로 변해버렸다. 정보화 시대에는 캐비닛 속 종이 기록에서 전 세계에 퍼져있는 데이터베이스에 저장된 디지털 파일로 발전했다. 웹 2.0에서는 우리도 모르게 신뢰한 제삼자 회사가 개인 정보를 온라인과 모바일 기기로 수집해 '클라우드' 데이터베이스에 저장하고 각 데이터를 해킹에 취약한 상태로 남겨둔 채 이를 추적하고 판매하는 수가 점차 늘어나고 있다.

웹 3.0의 데이터 계층으로써 분산 원장 기술이 도래하면서, 인간은 마침내 기록의 저장과 인증에 필요한 암호학적으로 안전한 전 세계적 중복 방식을 확보하게 됐다. 여러 컴퓨터(또는 노드)에서 공유되고 업데이트되며 전 세계에 분산된 기록은 암호화돼 보호받는다.

이것이 전례 없는 데이터 무결성[28]을 가능케 하는 데이터 출처^{Data Provenance}를 제공한다.

에지 컴퓨팅은 또 다른 분산 컴퓨팅 패러다임이다. 에지 컴퓨팅을 사용하면, 중앙 집중식 클라우드 환경에서 주로 발생하는 방식과 반대로 스마트 기기나 에지 기기로 알려진 분산 장치 노드에서 계산이 대부분 또는 완전히 수행된다. '에지'라는 용어는 기업, 도시 또는 기타 장소의 '중심에서 가장 떨어진 가장자리'에 위치한 사물 인터넷 장치로서 네트워크에서 컴퓨팅 노드의 지리적 분포를 나타낸다. 이 생각은 스마트 센서 및 액추에이터와 같은 IoT 시스템과 데이터 원본에 서버 리소스, 데이터 분석 및 컴퓨팅 리소스를 더 가까이 배치하는 것이다. 에지 컴퓨팅은 피지컬 컴퓨팅, 스마트 도시, 유비쿼터스 컴퓨팅, 증강 현실 및 클라우드 게임과 디지털 거래의 실현에 매우 중요하다.

더 커진 신뢰성과 접근성

웹 이전 시대의 사일로화된 사무실 데이터베이스를 시작으로 웹 1.0의 전 세계적으로 접근 가능한 웹 서버, 웹 2.0의 클라우드 인프라로 용이해진 모바일 접근성, 그리고 웹 3.0의 AR 정보를 보호하고 IoT를 강화하는 분산 원장 및 에지 컴퓨팅에 이르기까지, 데이터 계층의 진화 트렌드는 데이터의 향상된 탈중앙화 및 민주화의 양상을 보인다. 각 단계에서, 더욱 커진 규모로 점점 더 많은 참여자를 포함할 수 있는 접근성 및 '신뢰의 원[29]'이 늘어난다. 이것이 바로 탈중앙화와 분산 시스템이 만드는 고유한 가치다.

---

28 Data Integrity. 데이터가 변경·파괴되지 않고 정확성과 일관성을 유지하며 보존됨 - 옮긴이
29 Circle of Trust. 의심할 만한 여지없이 신뢰하는 사람의 집단 - 옮긴이

통합 웹 3.0 스택

이처럼 다양한 특징을 지닌 여러 기술의 융합인 컨버전스convergence를 웹 3.0 스택의 관점으로 바라보면 공간, 피지컬, 인지 및 분산 기술의 통합 결과로 발생할 수 있는 혜택이나 이점을 이해하기가 쉽다.

예를 들어, 인터페이스 계층에서 센서를 이용한 네트워크를 제공하는 사물 인터넷과 같은 피지컬 컴퓨팅은 모든 물리적 활동의 수행 관련 데이터를 확보하고 측정해 전달할 수 있게 해준다. 로봇은 식량의 재배와 수확에서 사람의 운송, 제품의 제조 및 수송에 이르기까지, 물리적 세계에 필요한 모든 이동과 운송 업무를 수행할 것이다.

증강 현실과 같은 공간 컴퓨팅은 사물 인터넷의 센서와 AI의 지능, 스마트 계약의 새로운 조건에서 지속적으로 업데이트된 디지털 정보와 상황별 콘텐츠로 그려진 새로운 세계에 인터페이스를 제공할 것이다.

그리고 가상 현실과 같은 공간 컴퓨팅은 우리의 정보, 아이디어, 상상력의 창조와 탐구에 필요한 '사전 시각화' 체험 환경을 제공할 것이다. 이로써 어떤 임의의 객체나 환경, 인간, 또는 시스템의 가장 이상적인 가상 시뮬레이션이나 디지털 트윈이 가능하다.

로직 계층에서, 인공 지능과 같은 인지 컴퓨팅은 양자 컴퓨팅을 이용한 분석과 예측, 의사 결정을 도울 것이다. 가상 디지털 트윈의 시뮬레이션 실행으로 이상적이고 알맞은 적용이 가능해질 것이다.

스마트 계약과 같은 인지 컴퓨팅은 사물 인터넷으로 포착됐으며 인공 지능으로 최적화된 인사이트를 지닌 블록체인과 분산 원장 네트워크를 통해 모든 상호 작용과 거래를 상황에 맞게 통제하고 실행할 수 있다.

데이터 계층에서, 분산 원장과 탈중앙화 가상 화폐 플랫폼은 다양한 사람, 장소, 사물, 활동에 대한 신뢰할 수 있는 기록을 유지하고 스토리지 관리와 모든 당사자 간의 가치 전송을 가능하게 만들 것이다. 에지 컴퓨팅과 메시 네트워크 기술과 같은 분산 컴퓨팅은 장치에서 정보 처리가 가능한 통합 인공 지능 시스템을 활용해, 개인 정보를 보호하는 동시에 인사이트를 공유하면서 현지에서 빠르고 효과적으로 컴퓨팅할 수 있다.

다양한 기하급수 기술[30]이 개방적이고 상호 운용 가능한 방식으로 함께 작용하며 만들어낸 이점은 실로 놀랍다. 웹 3.0을 다양한 기술을 거쳐 공간 웹으로 이어지는 하나의 통합 네트워크의 일부로써 기술들이 모두 함께 작용하는 연결된 스택으로 설명하고 정의해야 한다고 제안하는 이유가 바로 이 놀라운 잠재력 때문이다.

네트워크란 단순히 기술을 모아 놓은 것이 아니다. 여러 기술을 연결하고 서로 통신할 수 있는 네트워크에는 필수적으로 핵심 기술이 존재한다. 월드 와이드 웹이 스택의 계층 간 참조하고 통신할 때 사용하는 HTTP[Hypertext Transfer Protocol]와 같은 '프로토콜[protocol]'이 그것이다.

프로토콜이란 용어에는 다양한 뜻이 있다. 사회적으로 프로토콜은 외교상 의례나 국가 간 약속인 의정서를 의미한다. 과학적으로는 수행한 실험의 절차 및 방법을 기술한 내용을 뜻하고, 의학적으로는 약이나 수술이 언제 어떻게 발생했는지 최초로 작성된 기록을 말한다. 한편, 기술적으로는 여러 객체 간 통신을 위한 방식을 일컫는다. 암호 프로토콜은 암호화

---

30 exponential technology. 기하급수적 성장 곡선을 따르는 모든 기술 - 옮긴이

된 메시지를 위한 방식이다. 블록체인 프로토콜은 일치하는 데이터 세트를 프로그래밍하는 방법이다. 통신 프로토콜은 컴퓨터 네트워킹과 통신에서 정보를 주고받을 때 쓰이는 통신 방법의 규칙과 약속이다.

프로토콜이 지닌 개별 의미는 우리의 생물학적, 사회적, 기술적 삶의 다양한 측면을 다루기 위해 만들어졌다. 그 어떤 것도 다른 것을 대체하거나 상호 작용 또는 통신하기 위해 만들어지지 않았다. 이러한 사실은 다음과 같은 질문을 던지게 한다. 우리의 생물학적·사회적·기술적 삶과 디지털 세상을 연결하고 기술의 컨버전스를 네트워크로 바꿔줄 수 있는 가장 이상적인 상호 통신 프로토콜은 무엇일까? 답은 우리 미래의 다차원적 니즈에 맞게 특별히 고안된 프로토콜이어야 한다. 월드 와이드 웹의 지난 30년간의 프로토콜이어서는 안 된다.

2장

/

문제

"문제는 작업복을 입고 있는 기회에 불과하다."

— **헨리 카이저**(Henri Kaiser)[1]

---

1   미국 조선업의 아버지라 불리는 기업가 - 옮긴이

월드 와이드 웹의 한계

1997년, 월드 와이드 웹의 창시자인 팀 버너스 리는 「웹의 잠재력 실현 Realizing the Full Potential of the Web」이라는 논문으로 웹에 대한 그의 생각과 희망을 공유했다.

"웹은 정보의 보편성을 갖춘 공간으로 설계됐다. 따라서 북마크나 하이퍼링크를 만들 때 네트워크를 사용해 접근할 수 있는 모든 정보가 링크로 연결돼야 한다. 보편성은 웹의 필수 요소다. 링크로 연결될 수 없는 특정 유형이 있을 때, 웹은 그 힘을 잃어버린다."

이 유명한 말은 웹 프로토콜의 큰 잠재력과 끊임없이 계속된 한계, 두 가지 모두를 집중 조명한다. 그 한계는 페이지의 텍스트 및 미디어와 상호작용을 위해 설계된 보편적 '정보 공간'으로 웹의 정의에 내재돼 있다. 웹의 커다란 잠재력은 그가 말한 내용 중 쉽게 간과되는 '보편성은 웹의 필수 요소다. 링크로 연결될 수 없는 특정 유형이 있을 때, 웹은 그 힘을 잃어버린다'라는 부분에 가장 잘 반영된다. 의도적이든 그렇지 않든, 이 문장은 웹이 텍스트와 미디어뿐만 아니라 모든 것에 연결될 수 있어야 진정한 잠재력이 발휘된다는 것을 암시한다. 그러나 20년이 지난 지금도 기존 웹 프로토콜은 여전히 특정 유형의 '사물things'일 경우, 쉽게 '연결linked'되도록 만들지 못한다.

웹 주소의 오리지널 아키텍처와 애그노스틱agnostic 디자인의 증거로, 웹 링크나 URL은 콘텐츠 페이지와 '사물'에 할당될 수 있다. 이러한 사물은 우리가 매일 사용하는 스마트 스피커, 가전 기기, 웨어러블 기기 및 커넥티드 차량을 비롯해 스마트 팩토리, 운송 및 물류에 사용되는 산업용 기기나 사물 등 통칭 사물 인터넷이라 불리는 것들이다.

웹 도메인과 URL에는 한 가지 매우 두드러진 한계가 있다. 이들은 공간적으로 사물의 위치 참조를 제공하지 않는다. 웹은 어떤 장소에 있는 사물이나 사람이 아니라 페이지에서 텍스트나 미디어를 찾기 위해 설계됐다. 따라서 물리적 세계, 게임과 앱, 또는 가상 세계를 비롯한 다양한 '공간spaces' 간의 사람이나 사물을 검색하고 접근하거나 움직일 방법이 존재하지 않는다. 공간 도메인이나 공간 주소의 결핍은 인증되거나 호환되는 어떠한 방법으로도 사람, 로봇, 콘텐츠가 공간 내에서 작용하는 방식을 관리하기 어렵게 한다.

HTTP 웹 프로토콜은 컴퓨터와 문서, 미디어를 연결할 수 있는 범위가 제한적이었다. 시대적 한계를 감안할 때, 그 설계에는 사용자 계정이나 자산 ID, 보안, 권한, 거래에 필요한 보편적 기준이 포함되지 않았다. 게다가 공간 기반이 아닌 파일 기반으로 설계됐다.

개발자는 HTML 및 웹 프로그래밍 언어로 페이지 기반의 상호 작용과 거래 규칙을 만들 수 있다. 그러나 실제 또는 가상 공간에서 디지털화된 물리적 콘텐츠나 객체에 필요한 사용 정책 및 사용자 권한을 만들 수 있는 공간 프로그래밍 언어가 존재하지 않는다.

월드 와이드 웹과 프로토콜은 21세기에서 연결에 필요한 많은 것을 놓치고 있다. 예를 들어, 기존 웹 프로토콜 방식으로는 데이터 스토리지를 위치 기반 권리 보호, 자산 소유권, 거래 인증을 고려해 처리하거나 검증할 수 없다. 사람이나 장소, 사물을 식별하고 이들 간의 행동을 식별해 검증하는 신뢰할 수 있는 그 어떤 방법도 내장돼 있지 않다. 현재 대부분 데이터는 제삼자가 통제하고 소유하고 있기에, 끊임없이 보안의 위협을 마주하게 된다. 데이터를 확보해 수익화할 목적으로 사일로에 중앙 집중화하는 기업이 얻는 경제적 보상은 명확하다. 문제는 사일로가 크면 클수록 악의적 실체의 허니팟honeypot이 더욱 커지는 데 있다. 중앙 집중형 시스템은 본질적으로 해킹되기 쉽고 손상이나 변경, 인수, 파산, 심지어 파괴되기도 쉽다.

월드 와이드 웹 기술 및 사용자 인터페이스는 디지털 경험과 행동이 아닌 2D 텍스트(하이퍼텍스트)와의 상호 작용과 디지털 정보의 페이지 탐색을 위해 설계됐다. 공간화를 염두에 두고 설계되지 않았기 때문에, 3D 공간 내 그리고 3D 공간 간 3D 객체와의 상호 작용과 트랜잭션 및 사용자 탐색이 가능한 차세대 공간 웹 애플리케이션을 개발할 수 있는 기반이 부족하다. 우리에게는 공간 웹이 필수적이다.

오리지널 웹 아키텍처에서 놓치고 현재 웹 3.0의 정의에서 누락된 주요 기능을 자세히 살펴보자.

오늘날 웹은 본래의 자체적 ID나 계정 인프라가 없다. 따라서 사용자는 이용하려는 서비스마다 각각의 제공자에게 자신을 인증해야만 해당 서비스에 접근할 수 있다. 탐색, 통신, 공유, 구매 등 서로 다른 상호 작용에 별도의 계정이 요구된다. 결과적으로, 이러한 계정과 관련된 모든 데이터는 제삼자가 소유하고 통제하며 수익화하고 있다. 웹상의 거의 모든 서비스가 여기에 해당된다.

오늘날 웹은 모든 사용자가 접근할 수 있는 표준 공간 프로토콜을 기반으로 구축된 개방형 공간 브라우저가 없다. 다중 사용자를 위한 상호 운용 검색 기능과 뷰어빌리티viewability, 상호 작용, 거래(트랜잭션) 그리고 실제 세계나 가상 공간의 사용자, 자산, 화폐의 운송에 필요한 지원을 하지 않는다.

오늘날 웹은 사용자나 자산, 공간, 신원, 소유권, 그리고 다양한 상호 작용 및 거래에 필요한 권한의 신뢰할 수 있는 실시간 검증을 제공하지 않는 다. 그래서 가상 자산 및 환경 변조의 위험이 무척 심각하다. 해커는 자신 의 이익을 위해 실제 세계에서 AR 콘텐츠를 조작하거나 가상 현실 세계 에서 물품의 가치를 바꿀 수 있다. 증강 장면이나 가상 장면의 일부 또는 전부를 교체하는 일은 해커에게 어려운 일이 아니다. 원자력 발전소에서 중요한 디스플레이 정보의 정확성을 없애거나 편집 또는 변경하고, 환경 을 훼손하거나 손상하고, 물체를 이동하거나 자동화 드론, 차량, 로봇 등 을 장악하거나 정신적으로 유해하며 부적절한 소프트웨어 혹은 콘텐츠 를 주입할 수 있다. 이들은 또 사람이나 에이전트, 아바타로도 위장할 수 있다. 이 모든 사례는 가상 세계나 실제 세계, 두 곳 모두의 객체, 콘텐츠, 사람, 장소에서 발생할 수 있다.

웹 2.0의 문제

해커, 트래커 그리고 페이커 – 오늘날 웹은 안전하지 않다.

웹은 공유 데이터베이스를 고려해 설계되지 않았고, 로그인이 없기 때문에 활동 기록이나 로그, '상태^{state}'를 남기지 않는다.

하지만 웹을 둘러보고, 인터넷 쇼핑을 하고, 온라인 게시물을 읽고, 친구들과 채팅하고, 아침에 조깅을 하거나 밤에 주차하는 등의 다양한 디지털 활동과 실제 활동은 누군가에게 추적되며 수집되고 있다. 그리고 이 데이터는 그들의 서버에 저장된다. 전 세계 뉴스의 주간 헤드라인은 세계에서 가장 크고 안전하다고 여겼던 조직이 어떻게 정기적으로 해킹을 당해서 전례 없는 규모의 신원 및 자산 도용으로 이어졌는지 끊임없이 보도하고 있다. 해킹이 아니더라도 개인 데이터와 활동 내역은 땅속에 묻힌 새로운 천연자원이 돼 발굴되고, 최고가를 외치는 입찰자에게 판매된다. 안타깝게도 이로 인해 가짜 뉴스와 진짜처럼 위장한 위조 정보가 증가했다. 우리의 온라인과 오프라인 행위의 수익화는 실제로 진실보다 거짓 이야기를 촉진한다. 거짓 이야기가 더 많은 사용자 참여를 불러일으키기 때문이다. 한마디로 거짓 분노는 '잘 팔린다'.

우리는 모두 개인적으로, 전문적으로 그리고 정치적으로 우리에게 영향을 미치는 가짜 뉴스에 흔들려본 경험이 있다. 글로벌 커뮤니티로서 그 완전한 영향력은 아직 제대로 파악할 수 없다. 이것은 잘 속는 성향이나 부족적 관계의 단순한 부산물이 아니다. 제품과 서비스를 더 많이 판매하기 위해 우리의 웹 브라우징 활동, 사회적 관계와 위치 기록을 추적해 웹에서 수익을 창출하는 양적·경제적 보상이 사회에 미치는 질적·도덕적 영향보다 중대하기 때문이다. 문제는 1달러를 향한 끊임없는 추구에만 있는 것이 아니다. 심리적, 정치적 또는 환경적 클릭당 과금CPC, cost per click에 대한 적절한 관심이 결여된 일종의 기술적 모니터링과 행동 프로그래밍의 폐단에 있다. 시장의 보이지 않는 손이 주변 세계에 미치는 영향을 보지 못하는 '전시안[2]'에 의해 묵시적으로 정해질 때 이런 일이 발생한다. 그 결과는? 감시 자본주의다.

그러나 성공의 지표가 오로지 분기별 수익 또는 주가인 주주들에게 답을 내놓아야만 하는 상장 기업이라면 어떻게 하겠는가? 회사의 DNA가 수단과 방법을 가리지 않고 이익을 내는 문화의 부산물이라면 어떻게 변화를 바랄 수 있겠는가?

많은 사람이 그들의 기본 욕구를 일상적으로 추적하는, 그리고 그들이 원하든 원하지 않든 더 쉽고 더 효과적이며 더 효율적으로 추적할 수 있도록 디지털로 강화된 현미경 아래에 자신이 서 있다고 느낀다. 모든 것에 디지털화를 적용했을 때 발생하는 일이다. 당신은 기하급수적 효과를 얻는다. 기하급수적으로 좋은 효과를 의미할 수도 있고, 기하급수적으로 나쁜 효과를 의미할 수도 있다. 여기에서 다음과 같은 의문이 발생한다. 우리는 디지털화를 바르게 적용하고 있는가?

2018년 8월 「베니티 페어Vanity Fair」의 '월드 와이드 웹의 창시자The Man Who Created the World Wide Web' 인터뷰에서 웹을 발명한 팀 버너스 리는 웹 설계의 근본적 단점과 이것이 웹 2.0 시대에 초래한 위기를 지적했다.

---

2 인류를 감시하는 눈으로 1달러 지폐 뒤 피라미드 정상에 그려져 있음 – 옮긴이

"웹은 **휴머니즘에 이바지하는 대신 많은 부분에서 실패**했음을 보여줬다." 그는 점점 더 중앙 집권화된 웹으로 인해 "**대규모의 반인간적 현상**이 생겨났다"라고 꼬집어 말했다.

아마도 이것이 디스토피아적 버전의 미래가 임박한 것처럼 느껴지는 이유일 것이다. 무언가 매우 잘못됐음을 알고 있으며, 그 모든 신호가 온 스크린을 가로질러 펼쳐져서 일상으로 침투하는 모습을 목격한다. 새로운 웹의 시대가 마치 현실의 베일을 뚫고 나오려는 숨겨진 우주처럼 우리를 향해 다가오고 있음을 느낀다. 그리고 이 디지털 배경의 윙윙대는 불안한 소리는 우리를 결정적인 선택 앞에 이르게 한다.

웹 3.0의 위기 또는 기회

2018년, 전 세계 인구의 절반이 인터넷에 연결됐다. 40억 명에 가까운 사람들이 디지털로 연결돼 온라인으로 개인 일상을 비롯해 정치적 견해, DNA 정보에 이르는 모든 것을 공유한다. 앞으로 10년 동안, 수십억 명이 더 온라인으로 유입될 것이다. 이게 전부가 아니다. 웹 3.0에서는 모든 것이 온라인으로 전환된다. 셀 수 없이 많은 객체, 즉 농장과 광산, 수도와 전기, 도시와 거리, 상점과 집, 숲과 공원, 학교와 정부 기관의 모든 기기, 장치, 장비가 온라인 상태가 될 것이다. 우리가 착용하는 액세서리와 의류, 시계와 안경, 옷까지 온라인으로 바뀔 것이다. 도시 전역의 모든 가로등과 건물, 공중의 드론, 거리의 모든 차량에 설치된 수십억 대의 카메라는 시민의 손안이나 얼굴 위에도 있을 것이다. 이것들 모두 당신이 누구이고, 무엇을 하고 있으며, 기분은 어떤지, 심지어 무슨 생각을 하는지까지 알아차릴 능력을 지니고 있다.

웹 2.0에서 우리는 앱이나 서비스의 성능 개선을 위해 개발자에게 휴대폰과 앱에 익명 진단이나 위치 데이터를 사용할 수 있는 권한을 허용해 달라는 요청을 받을 때가 많다. 2018년 12월 10일 「뉴욕 타임스NewYork Times」에 실린 '당신의 앱은 지난밤에 당신이 어디에 있었는지 알고 있다. 그리고 당신의 앱은 비밀을 지켜주지 않는다Your Apps Know Where You Were Last Night, and They're Not Keeping It Secret'라는 제목의 기사에는 '최소 75개의 회사가 사용자가 지역 뉴스나 날씨 또는 기타 정보를 얻기 위해 위치 서비스를 허용한 앱으로부터 익명의 정확한 위치 데이터를 수신한다. 이들 기업 중 일부는 미국에서 최대 2억 대의 모바일 장치를 추적한다고 주장한다. 이는 작년에 사용된 모바일 장치의 절반에 해당한다'라는 내용이 소개됐다. 거기에는 10억 개에 달하는 프로필이 저장된 데이터 베이스가 있다. 「타임스」가 검토한 데이터베이스는 2017년에 수집돼 한 회사가 보유한 정보 샘플로, 사람들의 동선을 놀라울 정도로 자세히 보여줬다. 몇 야드 이내까지 정밀했으며, 하루에 14,000회 이상 업데이트된 일도 있었다.'

점dot 하나는 한 여성을 나타낸다. '오전 7시에 뉴욕 북부에 있는 집에서 나와 14마일 떨어진 중학교로 이동해 수업일 마다 늦은 오후까지 머무른다. 이 앱은 그녀가 웨이트 와처스Weight Watchers3 미팅에 갔다가 피부과 의사를 만나 몇 가지 시술을 받는 일정에 따라 이동했다. 그녀가 강아지와 함께 산책하고 전前 남자 친구의 집에 머무를 때도 따라갔다.' 기사에서 이 여성의 신원은 공개되지 않았지만, 「타임스」 기자들은 그녀를 점으로 쉽게 연결했다.

당신에 관한 수많은 '점dots'이 수집된다면 그때는 무슨 일이 벌어질까?

수천 개의 데이터 회사와 데이터 브로커가 웹 2.0의 지하 경제4에서 그러하듯 누군가 이 점들을 연결할 수 있다면, 과연 어느 수준까지 당신에 대한 정보를 얻을 수 있을까?

2019년 「워싱턴 포스트Washington Post」의 기자 제프리 파울러Geoffrey Fowler는 '한밤중 당신의 아이폰이 누구와 대화하는지 알고 있는가?It's the middle of the night. Do you know who your iPhone is talking to?'라는 제목으로 단 일주일 동안 아이폰에서 작동하는 5,400개의 숨겨진 추적 프로그램을 발견한 개인 정보 보

---

3 미국의 체중 관리 업체 – 옮긴이
4 불법적인 경제 활동과 합법적이지만 정부의 공식 통계에 나타나지 않는 경제 활동 – 옮긴이

호 실험 내용을 보도했다. 수많은 추적 프로그램은 주소와 이름, 이메일, 이동통신사, 위치 데이터를 비롯해 기기명과 기기 모델, 광고 식별, 메모리 사이즈 및 가속도계 데이터를 제삼자와 공유하고 광고와 상업적·정치적 메시지에 사용할 개인 정보의 보물 창고를 만든다. 정보 대부분은 우리가 잠든 밤에 수집됐다. 일부 앱의 작동에 추적 기능이 요구된다고 하더라도, 이 실험은 소비자 데이터의 투명한 수집과 사용 측면에서 심각한 우려를 낳았다. 애플Apple이 그동안 취해온 소비자 정보에 대한 강력한 입장과 메시지를 고려하면 특히나 충격적이었다.

웹 3.0에서 웨어러블과 피트니스 앱, 스마트 가전제품은 훨씬 더 많은 사용자 정보를 보고할 것이다. 집에서 커피를 마신 횟수, 냉장고 속 내용물, 아이스크림 통을 꺼냈다가 다시 넣었을 때의 기분 변화 등 상세한 내용을 전달할 것이다. 화장실은 개인 식단의 섬유질 양을 비롯한 기타 정보를 알려줄 것이다. 스마트 도어는 사용자가 집을 나서고 다시 돌아온 정확한 시간을 알려줄 것이다. 이렇게 다양한 장치가 특정 앱의 성능을 최적화할 목적으로 실제 정보를 수집할 수도 있다. 그렇지만 해당 정보를 수집하고 판매하며 관련된 다른 정보와 합쳐질 가능성은 업계와 정부가 무시할 수 없는 심각한 윤리적 개인 정보 보호 문제를 유발한다.

웨어러블 기술은 분명 놀라운 이점을 제공하고 건강 산업 부문에 혁신적 바람을 일으킨다. 정보를 활용해 건강 상태를 더 잘 파악하고 웰빙 라이프를 개선하며, 앞으로 발생할 수 있는 건강의 위험과 질병을 예방할 수 있다. 피트니스 웨어러블로 수면 모니터링, 걸음 수, 심박수 추적 등은 물론 식이요법, 자세, 피부 온도, 호흡수 등 훨씬 더 복잡한 측정이 가능하다. 체중 증가 및 감소, 혈중 산소 수준, 스트레스 등의 데이터를 수집해 잠재적 위험 요소를 파악하고 생명에 위협적인 변화가 발생할 시 실시간으로 알려줄 수도 있다.

웨어러블 기술은 예방과 보호라는 두 가지 이유로 계속해서 채택될 것이다. 애플은 새로운 개발 분야로 '건강Health'을 꼽았는데, 이는 당연히 좋은 현상으로 볼 수 있다. 애플이 가는 길은 나머지 시장도 뒤따라가는 경향이 있기 때문이다.

그렇지만 웨어러블 데이터를 부적절하게 모니터링하고 추적하고 기록해 남용한다면 보험사와 고용주, 정부가 가할 수 있는 차별적 행위의 위험은 물론이고 더 나아가 제삼자 판매로 사용자 데이터를 악용할 위험이 커진다. 2017년 〈인터섹트Intersect〉에 실린 '웨어러블에 대한 경계: 고용자 차별과 제삼자 판매를 통한 웨어러블 건강 기술의 남용 가능성Wary About Wearables: Potential for the Exploitation of Wearable Health Technology Through Employee Discrimination and Sales to Third Parties'의 저자는 다음과 같이 기술했다. "미국의 저장 통신법SCA, Stored Communications Act에 따라, 전자 통신 서비스나 원격 컴퓨팅 서비스로서의 웨어러블 건강 기기의 특성 그리고 콘텐츠나 비 콘텐츠로서의 웨어러블 건강 데이터의 특성 역시 여전히 불분명하게 남아있다."

그렇다면 이것은 콘텐츠인가, 언론인가, 지적 재산인가, 사유 재산인가? 지금으로서는 아무도 답을 모른다. 규제 체제는 시장에 훨씬 뒤떨어져서 5년 전에 발생했던 문제를 뒤쫓고 있다. 그러니 앞으로 어떻게 수십 년 동안 발생할 것이 분명한 문제에서 우리를 보호할 수 있겠는가?

이 모든 '라이프스트림lifestream5' 데이터는 서로 다른 결과에 쓰일 목적으로 수집될 수 있고 그렇게 수집될 것이다. 이와 함께, 우리는 웹 3.0에 더욱 강력하고 더욱 가치 있는 동시에 잠재적 위험성을 지닌 수없이 많은 데이터를 제공할 것이다.

무한에 가까운 분석 능력을 지닌 인공 지능이 이러한 데이터에 적용되는 모습을 상상해보라. 사람과 장소, 사물 간 상호 작용을 분류하고 이해할 수 있는 현실의 '신의 눈God View' 같은 상상하기 어려운 일들이 웹 3.0에서

---

5 디지털 기기로 삶을 계속해서 기록하는 행위 – 옮긴이

는 실현될 것이다. 이로써 AI는 거의 모든 상황에서 매우 높은 확실성으로 다음에 발생할 일을 상당히 정확하게 예측할 수 있다. 윤리적 시사점과 개인 정보 침해 문제, 〈마이너리티 리포트Minority Report〉의 암시가 우려되는 이 시나리오는 AI와 양자 컴퓨팅이 완전히 성숙했을 때에 비하면 아무것도 아니다.

AI와 양자 컴퓨팅이 융합한 힘은 실제 세계의 장면을 분석하고 이해하는 것뿐만 아니라 상상할 수 있는 모든 장면을 가상으로 재현해 이를 경험하게 만든다. 어제의 결과가 마음에 들지 않았다면 다시 경험해서 다른 결과를 내거나 미래를 시뮬레이션할 수도 있다. 세계를 비롯해 사람, 장소, 사물 그리고 가능한 모든 상호 작용이 컴퓨터로 생성되고 실제 삶 속, 또는 상상 속의 사람에 대한 시뮬레이션이 가능한 모든 곳에서 말이다. 마치 웨어러블 안경과 햅틱 바디 슈트나 뇌에 직접 연결된 신경 레이스 장치를 사용하는 가상 현실 속에서 펼쳐지는 '현실'의 〈내 마음대로 골라라 골라맨〉[6] 같을 것이다. 그리고 이 모든 것은 실시간으로 완전히 상호 작용하고 반응할 것이다.

이러한 기술이 학습, 실험, 시뮬레이션 등에 미치는 힘은 실로 믿을 수 없을 정도다. 기후 위기, 빈곤, 불평등, 인종 차별과 같은 시급한 문제도 가시적이고 세부적인 내용으로 다뤄 새로운 해결책을 찾아낼 수도 있다. 그러나 너무나 실제 같은 꿈을 꿀 때면 이를 현실과 구분하기 어렵듯이, 하나의 '현실'을 또 다른 현실과 구별할 수 없을 때, 그 실질적인 위험이 모습을 드러낸다. 인간의 마음은 감각적 제안과 현실 왜곡에 매우 취약하고 민감하다. 이러한 현상은 거의 모든 사람에게 밤마다 나타날 수 있다. 웹 3.0에서는 날마다 나타날 것이다.

마음속 방마다 열려있는 창문인 가상 백도어로 모든 건물에 들어갈 수 있고, 다른 사람이 우리의 신원과 과거, 커뮤니케이션 수단과 디지털 자

---

6   choose your own adventure. (주)고릴라박스. 게임 북 – 옮긴이

산을 훔치거나 바꾸고 삭제할 수 있으며, 온라인 신원 도용이 가상의 명의 도용으로 불어나고 심리적·생물학적 해킹으로 우리의 마음과 몸, 의견과 욕구를 프로그래밍할 수 있는 곳, 그리고 이러한 생물학적·사회적 해킹이 실제로 미래에 가장 거대하고 가장 수익성이 높은 비즈니스가 되는 곳, 소수의 엘리트가 웹에서 '마스터 스위치master switch'를 통제하고 경제, 사회, 세계 그리고 바로 그 현실을 제어하는 곳. 웹과 세계가 걸어갈 길은 이렇게 불안정하고 안전하지 않은 곳으로 변하고 있다. 이 길을 계속 걷는 데 치러야 할 비용은 얼마일까? 그 대가는 실로 엄청나다.

지금의 웹이 우리의 데이터를 해킹하고, 행동을 추적하고, 가짜 뉴스를 전달하는 데 문제가 있다고 생각한다면, 현재 웹과 동일한 윤리적, 기술적, 경제적 설계 원칙으로 운영되는 강력하고 실제적인 공간 인터넷의 전망은 매우 어둡다. 웹사이트와 앱이 해킹당하는 대신, 집과 학교, 드론, 자동차, 로봇, 감각, 생명 활동, 두뇌가 해킹당할 것이다.

이것은 웹 3.0에서 직면한 위기 또는 기회의 초반에 불과하다. 아바타를 생성하고 인증을 수행해보라. 대규모 신원 도용, 막대한 보안 침해 등 개인과 공공 기관이 정보 보호에 실패한 시대에 어떻게 사용자가 가상 아바타와 디지털 자산의 소유권을 인증할 수 있을까? 어느 신뢰할 수 있는 회사가 이들을 만들고 저장할 수 있을까?

오늘날 개인 정보를 교환하거나 알 수 없는 대상으로부터 온라인으로 상품을 구매하는 모습을 이전에는 상상하지 못했을 것이다. 웹 3.0에서 인증된 대상의 필요성은 훨씬 더 크고 중요하다. 가상 현실로 가상 신원을 만드는 것은 일반화될 것이다. 대부분의 경우, 같은 사람의 링크드인LinkedIn 프로필과 페이스북 프로필이 다른 것처럼, 사용자는 서로 다른 용도에 따라 서로 다른 아바타를 갖게 될 것이다. 아바타는 웹 3.0과 일상에서 가장 중요한 자산이 될 것이다. 따라서 아바타의 보안과 인증은 가장 중요한 문제라고 할 수 있다. 생체 인증을 위해 다시 연결할 수 있는 안전한 보안 방법이 필요하다.

우리를 대신하는 많은 아바타를 통해 행동하고 거래하더라도 이들이 '우리'로서 모습을 드러낼 일이 없다는 것을 명심하라. 이들 아바타의 일부는 캐리커처나 만화 버전일 수 있지만, 〈포트나이트Fortnite〉 같은 게임이나 하이 피델리티High Fidelity 같은 가상 세계의 완전히 다른 캐릭터일 수도 있다.

아이폰 X의 출시는 아바타 기술의 전환점이었다. 차세대 스마트폰과 수많은 안면 인식 카메라는 3D 깊이 스캔, 감정 및 표정 인식, 음성 복제 소프트웨어가 강화돼 마치 당신처럼 보이고, 말하고, 감정을 표현하고 행동하는 아바타의 초현실적 재현이 가능해질 것이다. 어떤 인증 방법이 우리의 에이전트와 아바타의 진위 여부 및 사용 권한을 보장할 수 있을까?

상황을 보자면, 일반적인 웹 2.0에서는 다른 사람이 당신의 트위터 계정의 이름과 비밀번호에 접근할 때 문제가 발생한다. 웹 3.0에서는 누군가 안면 인식, 음성 및 생체 인식의 완전하고 사실적인 복제본에 접근할 때 문제가 발생한다. 딥페이크Deepfake와 같은 최신 기술은 이러한 디지털 가장impersonation의 효시를 보여준다.

딥페이크를 비롯한 기타 유사 기술은 딥 러닝 AI를 사용해 배우나 유명인 같은 특정 인물의 사진, 동영상을 분석해 이들의 얼굴을 다른 장면에서 다른 인물의 얼굴에 배치한다. 여성들이 동의하거나 막을 능력도 없이 함부로 포르노 배우의 얼굴에 닮은 모습을 끌어와 합성되는 일이 비일비재했다. 이것은 부도덕한 프로그래머가 몇 시간 만에 만들어낼 수 있을 만큼 저열하다. 이보다는 덜 저열하지만 소름 끼치는 사례로 스티브 부세미Steve Buscemi[7]의 얼굴을 시상식의 제니퍼 로렌스Jennifer Lawrence[8]의 얼굴에 합성한 동영상이 있다. 이들 중 일부는 매시업 문화의 흥미로운 확장으로

---

7 미국의 남자 영화배우이자 감독 – 옮긴이

8 미국의 여자 영화배우 – 옮긴이

볼 수 있다. 그러나 조던 필Jordan Peele[9]이 자신의 목소리를 사용해 버락 오바마Barak Obama가 북한과의 전쟁을 촉구하는 사실적 비디오를 만든 것을 한번 보라. 흥미는 금세 사그라졌지만, 이 기술을 무기화할 능력은 고통스러울 정도로 명확해졌다.

딥페이크는 당분간 동영상에 한정될 것이다. 그러나 볼류메트릭 비디오 volumetric video[10]와 생성형 AIgenerative AI[11], 실시간 3D 모델링 및 아바타의 사용이 증가하면서, 당신의 눈앞에 서 있는 것처럼 보이고, 당신을 아는 이처럼 연기하고, 당신이 신뢰하는 이와 똑같은 방식으로 바른말만 하는 듯 보이는 누군가가 될 수도 있다. 그것은 실제 그들이 아니다. 그들이 파는 것과 그 환경은 진짜가 아니며 그들은 인간이 아닐지도 모른다. 당신의 신뢰를 얻어 거래를 성사할 목적으로 당신의 정확한 정보가 입력된 정말 스마트한 악성 알고리즘일 뿐이다.

최근 AI 기술, 감정 감지 및 제스처 인식 데이터가 웨어러블 센서 데이터, 동작 추적 및 의료 IoT 정보가 포함된 기타 개인 정보와 결합된 것을 감안할 때, 앞으로 몇 년 동안, 거의 모든 사람의, 거의 모든 사람에 의한, 모든 목적을 위해 구별할 수 없게 재현한 복제품을 방지하기란 점점 더 어려워질 것이다. 어떻게 해야 우리의 신원, 자산, 콘텐츠 그리고 우리가 소유하거나 방문했던 공간을 보호할 수 있을까?

여기에서 가장 중요한 교훈은 바로 이것이다. 웹 2.0의 위기가 가짜 뉴스라면, 웹 3.0의 위기는 가짜 현실이다.

아직 두려움이 없더라도 반드시 두려워해야 한다. 탐욕과 악의, 무지, 희망 사항이 가져온 권력 남용의 지난 과거를 고려할 때, 인간의 손에 들어간 기하급수 기술의 융합된 힘이 제대로 활용되지 않는다면, 지구에 있는

---

9 미국의 영화감독이자 배우 – 옮긴이
10 수백 대의 카메라로 모든 각도에서 촬영한 3차원 입체 동영상 – 옮긴이
11 조건과 알고리즘을 제시하면 스스로 작업 – 옮긴이

모든 생명의 끝으로 이어질 수도 있다.

위키피디아에 따르면, 둠스데이 시계^{Doomsday Clock}는 확인되지 않은 과학 및 기술 발전의 인류에 대한 위협을 은유적으로 표현한 것이다. 이는 인간이 만든 세계의 종말 가능성을 상징한다. 1947년 핵물리학자들에 의해 창안된 이 시계는 세계의 종말을 '자정^{midnight}'으로 가정하고 자정까지 남은 '분^{minutes}'으로 지구 종말에 얼마나 가까워지고 있는지를 나타낸다. 2019년 현재 분침은 핵무기와 기후 변화라는 두 가지 위협으로 자정까지 2분으로 표시되며, 이러한 위협의 문제는 '지난해 전 세계 민주주의를 훼손하고 위험을 증폭시키는 **정보 전쟁** 증가로 더욱 악화했으며, 다른 위협과 함께 문명의 미래를 엄청난 위험에 빠뜨리고 있다'.

틱...틱...틱, 둠스데이 시계의 불길한 소리는 잘못됐다. 이것은 거짓된 안도감을 준다. 아직 '제대로 고칠' 시간이 남아있다는 희망을 준다. 하지만 우리는 2분 거리에 있는 게 아니다. 이미 알람 소리가 울리고 있다. 지금이 바로 실행으로 옮길 때다.

웹 3.0의 위기는 비단 디지털화된 정보 전쟁에 국한되지 않는다. 말 그대로 물리적, 심리적, 생물학적으로 우리에게 영향을 미치는 디지털화된 **체험** 전쟁까지 해당된다. 우리의 정보는 더 이상 스크린 뒤에 갇혀있지 않고 우리를 둘러싼 세계에 채워질 것이기 때문이다. 이것은 공간적일 것이다.

3장
/
솔루션

"인간의 진보적 발전은 발명에 전적으로 의존한다.
발명은 창조적 두뇌의 가장 중요한 산물이다."

— **니콜라 테슬라**(Nikola Tesla)[1]

---

1 미국의 과학자이자 혁명적인 발명가 – 옮긴이

공간 웹 구축

오늘날 우리는 웹이 상호 연결된 컴퓨터와 문서 및 미디어의 글로벌 네트워크로서 가진 포부나 한계를 넘어서야 한다. 웹 3.0은 적응력이 뛰어난 지능형 웹의 새로운 구축에 관한 것이다. 상호 연결된 사람, 장소, 사물의 범용적 네트워크로 이곳에서 우리는 안전하게 상호 작용하고 거래하며 생각과 정보를 공유할 수 있다. 전 세계 모든 지점에서 다른 모든 지점으로 상품과 서비스의 운송이 이어지게 할 원활한 커뮤니케이션이 가능한 웹 3.0을 구축해야 한다. 웹 3.0에서 우리는 광산에서 시장으로, 농장에서 식탁으로, 게임에서 가상 세계로, 출처를 확실하게 추적해야 한다. 가상 신원과 이와 관련된 프로필 정보, 활동, 거래, 위치 기록 및 디지털 인벤토리를 반드시 안전하게 보호해야 한다. 마지막으로, 인간과 기계, 가상 도메인에 걸쳐 전 세계적으로 상호 운용 가능하며 상호 연결된 디지털 경제가 가능해야 한다.

버세스VERSES 재단은 이러한 비전을 달성하기 위해 사용자와 디지털 및 물리적 자산, 새롭게 표준화한 오픈 포맷(무료 파일 형식)을 사용하는 공간과 공간 도메인 별로 공유된 자산 인덱스의 등록, 신뢰할 수 있는 인증을 활성화해 디지털 자산 소유권, 데이터 프라이버시, 이동 권한, 사용자 및 위치 권한, 교차 장치, 콘텐츠 상호 운용성 등을 정의하고 실행하도록 특별히 설계된 웹 3.0의 보편적 표준 및 개방형 프로토콜을 제공한다. 이로써 공간 프로그래밍 언어로 권한을 관리하고 공간 브라우저로 보고 공간 프로토콜을 통해 연결하는 것이 가능하다.

안전하고 통합된 디지털과 물리적 공간 웹을 만들려면 사람, 장소, 사물을 식별하는 표준화된 방법(범용 식별)과 사람, 장소, 사물의 위치를 찾아내는 방법(범용 주소)이 필요하다. 그리고 우리가 보는 것과 이야기하는 사람을 입증할 방법(신뢰할 수 있는 데이터 기록), 물리적 또는 가상 세계의 모든 곳에서 상품 및 서비스 비용을 쉽게 지불하는 방법(디지털 화폐나 웹 지갑)이 필요하다. 가장 중요한 것은 모든 작업을 원활하게 할 통신 방법(공간 프로그래밍 언어 및 프로토콜)이다. 이는 어떤 사람이나 기업, 정부 단독으로 통제할 수 없는(오픈소스) 범용적 인터페이스(공간 브라우저)로 기기, 운영 체제, 물리적 및 가상 도메인 전역에서 안전한 상호 운용 경험이 가능하다.

왜 보편적 표준이 중요할까? 함께 일하고, 함께 놀고, 함께 배우고 싶어서다. 우리는 전 세계 가정과 직장, 학교, 기관에서 상호 작용하고 거래하며 협업할 수 있기를 원한다. 오리지널 웹 프로토콜에서 확인했듯, 공통된 기술 언어가 이 바람을 실현해 준다. 서로 더 쉽고 효과적으로 소통할 수 있는 것은 물론, 전 세계, 나아가 다음 세대와도 소통하며 정보를 공유할 수 있다. 이것이 네트워크의 이점이다.

이 특별한 문제의 접근 방식은 기술 문제보다 논리 문제에 가깝기 때문에 우리(저자와 개발자)가 우리 세계를 전체적이고 체계적으로 생각하게 만든다. 논리 문제로서, 웹 기술과 우리를 둘러싼 물리적 세계에 대한 사고방식을 전환해야만 했다. 우리는 이들이 서로 얽혀있다고 상상했다. 또 요구 사항을 (실제 세계에서 가상 세계로 또 그 반대로) 다차원적이고 교차 차원적으로 생각해야 했다. 이로써 웹 도메인의 기존 개념을 공간 도메인으로 확장할 수 있었다. 웹 페이지에서 웹 공간으로, 디지털 파일, 가상 객체 또는 물리적 객체에서 스마트 자산의 객체로, 파일 기반 프로토콜에서 공간 기반 포로토콜로 말이다.

논리적 프레임워크는 상호 연결된 컴퓨터와 2D 문서 및 미디어의 글로벌 네트워크로서의 웹이 지닌 포부(그리고 한계)를 넘어 사람, 장소, 사물이 상호 연결된 범용적 네트워크인 안전하고, 적응력이 뛰어난 새로운 지능형 3D 웹을 설계할 수 있게 했다.

공간 웹은 다음 내용을 수행할 수 있는 새로운 기술이 필요하다.

공간성SPATIALITY: 디지털 콘텐츠는 하나로 뭉쳐진 데이터가 아니라 차원화되고 본질적으로 공간화돼, 문자열이 아닌 위치가 기본 표현이 된다.

소유권OWNERSHIP: 사용자는 데이터와 디지털 자산을 소유할 수 있으며 데이터를 공유하고 싶은 상대를 선택할 수 있다. 더 나아가 서비스 제공자를 떠날 때도 통제권을 유지한다.

보안SECURITY: 안전한 데이터의 수집과 전송, 저장을 통해 물리적 또는 가상의 모든 공간에서 사용자 간 상호 작용과 가상 및 물리적 자산의 거래가 가능하다.

개인 정보 보호PRIVACY: 암호화 보안과 분산 저장된 디지털 신원을 활용한 개별 제어, 신뢰 및 보안으로 '신뢰가 필요하지 않은' 완전한 상호 작용과 거래가 가능하다. 이전에는 개인 데이터 교환과 검증 절차가 필요했다.

신뢰TRUST: 신뢰는 모든 사용자, 자산, 공간의 실시간 검증과 자산, 공간, 소유권, 활동 및 권리를 다양하게 입증하는 검증 가능한 기록의 상호 작용을 기반으로 한다.

상호 운용성INTEROPERABILITY: 다중 사용자 상호 운용성은 검색 기능, 뷰어빌리티, 상호 작용, 거래 및 모든 공간의 모든 자산이나 사용자의 운송을 제공한다. 공간 내부와 공간 간의 여러 기기, 운영 체제, 위치에서 사용자 탐색 및 자산의 전송이 원활하게 이뤄진다.

현실의 공유

공간 웹은 AR이나 VR, 사물 인터넷, 인간과의 상호 작용을 위한 공간 프로토콜과 공간 프로그래밍 언어, 즉 새로운 공간 인터페이스가 필요하다. 스마트 계약과 분산 원장 기술 간 호환으로 신원, 소유권, 가상 및 지리 공간적 위치와 관련된 모든 자산의 사용 권한을 검증할 수 있다. 이로써 웹 공간의 사용자 또는 사용자끼리 가상 자산을 검색하거나 교환할 수 있고, 거래와 추적, 양도도 가능하다. 공간 웹은 넘나들 수 있고 연속적이어야 하며 공간 콘텐츠의 자산 및 사용자 고정 지속성을 비롯해 지리적 위치와 가상 위치를 유지할 수 있어야 한다.

공간 웹은 반드시 다음 내용이 가능해야 한다.

- 사용자는 가상 웹 '공간' 안에서, 그리고 공간 간 가상으로 안전하게 모든 것을 등록하고 검색하거나 구매하고 판매하며 전송할 수 있다.
- 사용자가 이러한 공간을 함께 연결해 방문자와 가상 아이템 모두 안전하고 안정적으로 이동할 수 있는 공간 웹으로 유기적 성장이 가능하다.
- 생체 인증된 인간 신원, 가상 신원virtual Identity, 관련 프로필 정보,

대표 에이전트[agent2], 아바타[avatar3] 등의 거래 내용과 위치 기록을 안전하게 보호한다.

- 위치 기반 자산의 출처, 지속성, 검증을 활성화하고 자산의 고유성, 소유권, 이력을 유지하고 증명할 수 있다.
- 인간과 기계를 모두 판독할 수 있는 세계에 대한 이해와 생물학적, 디지털 및 가상 상호 작용의 공동 협력적 기능을 제공한다.

이를 실현하려면, 웹 3.0 스택의 세 계층 간 상호 운용성이 필요하다. 데이터 계층, 로직 계층, 인터페이스 계층에서 동시에 그리고 거의 실시간으로 '현실의 공유shared reality'가 가능한 솔루션이 반드시 요구된다. '현실의 공유'는 근본적으로 공간적이며 도메인마다 사용자 중심적이다. 또 누구의 데이터가 신뢰할 수 있고 검증할 수 있으며 안전한지 경험적으로 발견할 수 있다. 이는 인터페이스·로직·데이터 계층에서 웹 3.0 스택의 세 계층으로 유지되는 공유 데이터 모델에 의해 이뤄지고 관리되며, 세 계층 간의 결합 조직이자 통신 표준 역할을 하는 공간 웹 프로토콜로 고유하게 연결된다.

인터페이스 계층

인터페이스 계층은 일관적인 가상·증강·혼합 현실 '공간' 기술을 통해 경험적 공유 데이터 계층Experiential Shared Data Layer의 역할을 할 수 있다. 이는 주로 웹 3.0 스택의 인터페이스 계층에서 발생하며 공유 경험 계층을 활성화한다. 인간과 기계, AI는 읽기와 쓰기가 가능하다.

로직 계층

공유 데이터 계층에서 공간 거버넌스와 비즈니스 로직은 공간 프로그래

---

2 사용자를 대신해 작업을 자동으로 수행하는 소프트웨어 - 옮긴이
3 가상 공간에서 분신처럼 사용되는 시각적 이미지 - 옮긴이

밍 언어Spatial Programming Language를 통해 생성되며 스마트 계약과 AI의 모든 조합으로 보완된다. 이로써 모든 차원에서 모든 상호 작용 및 거래의 식별, 권한, 자격 증명, 유효성 검사를 관리할 수 있는 공유 로직 계층을 활성화한다.

데이터 계층

데이터 처리 및 데이터 스토리지 계층은 로컬Local, 클라우드Cloud, 분산 원장에서 기록을 작성하고 저장 및 인증해 영구적이고 공유되며 변경할 수 없는 데이터 계층을 활성화한다. 이로써 안전하고 신뢰할 수 있는 상호 작용과 거래가 가능하다.

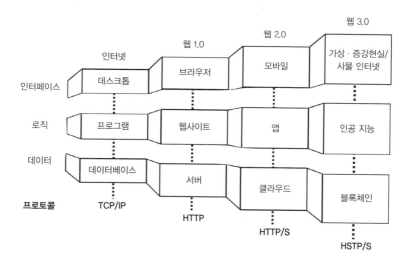

공간 프로토콜

HSTP 프로토콜은 웹 3.0 스택의 세 계층을 모두 연결한다. 이것은 웹 3.0이 월드 가든walled garden[4]이 아닌 개방형 네트워크가 되는 데 필수적인 핵

---

4 담장이 쳐진 정원을 의미하는 폐쇄형 네트워크 - 옮긴이

심 요소다. 공간 프로토콜은 실제 세계와 가상 세계의 좌표를 생성하며 '교차 원장cross-ledger' 방식으로 사람과 장소, 사물의 위치를 안전하게 기록하고 인증할 수 있다. 사용 권한과 소유권을 참조하고 소유 측면뿐 아니라 재배치성relocatability[5] 측면에서 실제 세계와 증강 공간 간에 가상 아이템을 거래하고 양도할 수 있다. 또한 물리적 객체, 사용자, 위치와 연결 및 동기화된 데이터를 사용해 스마트 트윈Smart Twin을 만들어낸다. 공간 프로토콜Spatial Protocol은 모든 공간을 웹 공간으로 변환해준다. 그리하여 '공간'은 스마트해진다.

---

5 프로그램이나 데이터가 수정 없이 서로 다른 시간에 임의 장소에 재배치될 수 있는 능력 – 옮긴이

공간 웹 표준

증강 현실과 가상 현실의 수많은 공간에서 공간 콘텐츠를 검색할 수 있으며 다수의 사용자는 수많은 디바이스 플랫폼에서 서로를 탐색하는 동시에 상호 작용할 수 있어야 한다. 개발자와 크리에이터, 사용자는 이러한 요건을 만족시키려면 보편화한 포맷과 언어, 프로토콜 표준이 필요하다.

이전의 웹과 마찬가지로, 공간 웹은 공간 내 물리적 및 가상의 모든 것으로 노드의 개념을 확장한 네트워킹 노드의 표준 접근 방법이 필요하며, 이로써 신원, 주소, 활동을 식별하는 개방형 표준과 공간적으로 발생하는 이벤트나 '상태'를 기록하고 쿼리하는 기능을 활용할 수 있다.

도메인Domain **주소**Address (공간의 주소 및 소유권)

프로그램Program (누가 무엇을, 언제, 어디에서, 어떻게 할 수 있는가에 대한 규칙)

프로토콜Protocol (주소 간 커뮤니케이션)

상태State (누가 무엇을, 언제, 어디에서, 어떻게 했는가에 대한 기록)

주소	프로그램	프로토콜	상태	
웹	HTML	HTTP	스테이트리스(Stateless)	
공간	HSPL	HSTP	스테이트풀(Stateful)	

이제 하나씩 자세히 살펴보자.

공간 도메인

웹 도메인 네임은 컴퓨터, 네트워크, 서버 등 인터넷 리소스를 식별하는 방법으로 사용한다. 컴퓨터 IP 주소는 기계가 읽을 수 있는 숫자이기 때문에, 문자(텍스트) 기반 레이블로 인간이 쉽게 기억할 수 있도록 만들어졌다. 도메인 네임이란 정말로 그냥 주소를 말한다.

인터넷에서 장치를 찾고 웹에서 페이지를 탐색하거나 지도를 통해 빌딩을 찾을 수 있는 주소가 있다. 이들은 기껏해야 2차원으로 이뤄졌다. 우리는 3차원에서 존재하고 움직인다. 따라서 이와 동일하게 작용하는 디지털 주소가 있어야 한다. 은유적으로 그리고 문자 그대로 공간을 '어드레스address'할 수 있는 솔루션, 3차원적 '공간' 도메인이 필요하다.

우리 주위의 공간에는 보편적으로 받아들여지고 접속할 수 있는 '주소'가 없다. 편지와 소포 등을 주고받고 지도로 길을 찾는 물리적 우편 주소부터 이메일을 주고받고 통화하고 웹사이트를 탐색하는 디지털 주소에 이르기까지 그 어느 것도 서로 의미 있는 관계를 맺고 있지 않다. 또한 물리적 세계와 디지털 세계를 통합할 방법 역시 없다. 현재의 모든 네트워크 기반 주소 시스템은 사람, 장소, 사물을 인증하고 연결하는 데 충분한 역할을 하지 못한다.

주소의 예시

빌딩의 물리적(우편) 주소

전화의 주소(전화번호)

컴퓨터의 디바이스 (IP) 주소

웹 페이지의 웹 (도메인) 주소

공간 연결에 이어 사물과 발생한 활동을 프로그래밍하려면 먼저 공간 주소나 공간 도메인이 필요하다.

도메인 네임Domain Name은 주소를 대신해 나타낸 영숫자 형식의 식별자다. 웹 도메인 네임Web Domain Name이란 아마존닷컴amazon.com처럼 텍스트를 기반으로 한 이름을 말하며 웹사이트를 호스팅하는 서버의 주소인 172.16.254.1 같은 IP 주소를 나타낸다. 그렇지만 공간 도메인Spatial Domain은 분산 원장에서 등록된 좌표로 만들어진 3D 볼류메트릭 공간 주소를 가리킨다. 공간 도메인의 이름은 '조니스 카페Joni's Cafe', '로마 콜로세움Roman Colosseum' 같은 실제 장소나 '더 오아시스The Oasis[6]'와 '호그와트Hogwarts[7]' 같은 가상 장소가 될 수도 있다. 공간 서브도메인Spatial Subdomain은 공간 도메인 내의 하위 공간을 나타낼 때 만들어진다. 모든 도메인은 디지털 방식으로 시행될 수 있는 공간 권한을 부여한다. 공간 도메인은 그 공간에 존재하는 AR 콘텐츠나 IoT 기기, 카메라, 로봇 등에 필요한 권한을 통제할 수 있다.

도메인Domain: 행동, 영향, 지식, 책임 등의 분야나 영역 또는 범위

문제Problem: 공간 권한을 부여하고 실제와 가상 위치에서 인간, 기계, AI의 권한과 활동을 규정할 방법이 없다. 3D 주소가 없기 때문이다.

솔루션Solution: 3D 공간 주소인 공간 도메인을 사용하면 모든 가상 환경이

---

6 『레디 플레이어 원』의 가상 현실 게임 − 옮긴이

7 영화 〈해리포터〉 시리즈에 등장하는 마법 학교 − 옮긴이

나 실제 세계의 물리적 위치를 참조할 수 있다.

이점Benefit: 공간 도메인은 소유자가 도메인 내 디지털 콘텐츠와 활동의 권한 및 정책을 결정할 수 있는 권리를 부여한다. 이러한 권리는 오늘날 도메인 보유자가 콘텐츠 액세스 유형과 웹 페이지의 사용자 상호 작용에 있어 부여받은 힘과 매우 유사하다.

사례Example: 조니Joni는 뉴욕에 있는 자신의 카페 좌표를 도메인 공간 '조니스Joni's'로 지정한 다음, 주방과 다이닝 룸 등 각각의 공간을 서브도메인으로 등록할 수 있다. 조니는 카페에서 AR 콘텐츠, IoT 기기, 카메라, 로봇의 공간 권한을 통제할 수 있다.

가상 현실에서 오아시스 공간 도메인the Oasis Spatial Domain은 아케이드Archaide, 프로보즈Frobozz, 루두스Ludus와 같은 많은 서브도메인을 포함할 수 있다. 권한은 그에 따라 할당된다.

공간 도메인 레지스트리

웹 도메인 이름 등록 활동을 관리하는 ICANN과 유사하게, 공간 도메인 레지스트리는 사람과 기관이 공간 도메인 네임을 등록하고 유효성을 검사한다. 예를 들어, 폴과 노라는 캘리포니아에 보유한 토지의 좌표와 면적으로 홈 도메인을 지정하고 실제 집의 공간을 서브도메인으로 정할 수 있다. 대체로 공간이나 비즈니스의 이름은 세계 여러 곳에서 사용된다. 그 예로 로마와 로스앤젤레스에 모두 콜로세움Coliseum이 있다. 표준 방식으로 구성된 공간 도메인을 유지하고 같은 이름의 사용을 허용하려면, 공간 도메인 레지스트리는 국가와 주州, 도시 위치가 포함된 주소를 비롯해 기타 프로필 정보를 포함해야 할 것이다.

공간 프로그래밍

HTML[Hyper Text Markup Language]과 이후의 자바스크립트[Javascript]는 웹 페이지의 콘텐츠 상호 작용 규칙을 '프로그래밍'하거나 레이아웃 또는 설정할 수 있는 표준화된 방법을 수립했다. 그러나 공간 컴퓨팅의 탄생과 3차원 공간의 홀로그래픽 콘텐츠를 나타낼 필요성 때문에, 웹 기반 마크업이나 스타일링 언어 중 어떤 것도 공간을 '프로그래밍'하거나 프로그래밍 가능한 상호 작용과 거래에 필수적인 공간 규칙을 검증하기에 충분한 도구가 될 수 없다.

하이퍼스페이스 프로그래밍 언어(HyperSpace Programming Language) 또는 공간 계약(SPATIAL CONTRACT)

공간에는 자산의 사용자, 기기 및 위치 간 상호 작용이나 거래에 관한 표준 규칙이 존재하지 않는다. 실제 위치와 객체, 사람이 공간 상호 작용 권한이나 사용 규칙, 검색 기능, 기록의 추적을 설명할 수 있는 표준 방법이 전혀 없다. 따라서 모두에게 개방된 표준화 방식으로 가상 공간과 실제 세계에서 위치와 사용자의 자산을 검색 및 추적하고 상호 작용하거나 거래하고 운송할 수 없다.

HSPL 또는 공간 계약은 '코드로서의 계약'으로, 지속적 인적 관리가 필요한 정적 문서 영역의 거래나 서비스 조항을 삭제하는 대신, 공간 상호 작용 자체에 프로그래밍함으로써 올바른 계약이 실행되도록 프로그래밍할 수 있는 자동화된 자체 실행 소프트웨어다.

솔루션Solution: 공간 프로그래밍 언어Spatial Programming Language나 공간 계약 Spatial Contract으로 가상 공간과 실제 세계에서 위치와 사용자 간 자산을 검색, 탐색, 추적, 상호 작용, 거래 및 운송하는 방법을 설명할 수 있다.

이점Benefit: 가상 공간과 지리 공간 모두에서 시공간을 넘나들며 자산과 공간의 검색, 탐색, 추적, 상호 작용 및 거래가 가능하다. 객체는 소유권, 추적, 상호 작용, 거래 규칙, 기록을 포함하게 된다.

사례Example: 계약자가 AR에서 실제 세계의 가이드 역할을 할 건물의 3D 모형을 찾아 건물을 지을 공간에 이를 투영한다. 작업자는 단계별로 공간 인스트럭션을 따른다. 각 작업의 마무리 시점에 자동으로 공간 계약이 수행된다. 공사가 완료되면 감독관은 건물 구조와 비교해 모형을 점검하고 볼트 하나까지 사양에 맞게 지어졌는지 점검하며, 검사관은 코드에 맞게 지어졌는지 확인한다. 계약자와 관련 당사자는 각 단계 및 각 단계의 승인에 따라 즉각 보수를 받는다.

도쿄 여행 중인 한 남자가 희귀한 포켓몬 캐릭터를 발견하고 어린 딸을 위해 캐릭터를 포획한다. 딸이 갖고 놀 수 있도록 LA의 집으로 텔레포트하지만, 딸의 침실로 접근할 수 없도록 제한한다.

공간 프로토콜

보편적 공간 프로토콜 표준

웹 주소는 텍스트와 미디어의 상호 작용과 웹 페이지 탐색을 위해 설계됐기 때문에, 사람과 사물이 상호 작용하고, 거래하며, 이동하는 차세대 공간 애플리케이션 및 웹 공간을 개발하기 위한 기술적 기반이 충분하지 않다. 또한 웹 3.0 시대의 AR, VR, AI ,IoT, DLT 등 서로 다른 기술을 통합할 수 있도록 설계되지 않았다. 그러므로 새로운 공간 프로토콜 표준을 수립해야 한다. 웹 3.0 스택의 각 계층에 전달할 수 있고 각 계층을 통해 통신할 수 있는 것으로 말이다. 그것은 공간 웹을 엮어 만들 때 사용하는 디지털 실digital thread이라 할 수 있다.

공간 프로토콜은 스택의 계층별 기능과 속성, 요건뿐만 아니라, 함께 작동하는 모든 스택에 의해 생성된 효과까지 고려할 수 있다. 이러한 특성은 웹 3.0을 공간적이고, 인지적이며, 물리적이고, 탈중앙화되게 하는 동시에 안전하게 만들어 스택의 각 계층을 강력하고 연속적인 디지털 패브릭으로 엮는다.

하이퍼스페이스 트랜잭션 프로토콜(HyperSpace Transaction Protocol)

웹은 현재 HTTP 프로토콜을 사용해 웹 페이지 간 사용자와 콘텐츠를 라우팅한다. 마찬가지로, HSTP는 사용자와 웹 공간 간 객체 또는 자산과 같은 3D 콘텐츠를 라우팅할 것이다.

공간 프로토콜은 또 다른 혁신적 기술일 뿐만 아니라 차세대 웹 3.0 애플리케이션을 지원하는 디지털 인프라 역할을 하도록 설계된 기초 기술이다. 기초 기술은 모든 산업 전반을 흔들어 놓는다. 사용자와 객체(가상 또는 실제), 정보는 모든 가상 공간이나 물리적 공간에서 상호 작용하고 거래할 수 있게 된다. 가상 공간과 물리적 공간이 연결됨으로써 사용자와 객체, 정보가 공간 사이를 원활하게 이동할 수 있다. 스크린 뒤에 단단히 고정된 웹 페이지 네트워크인 현재 웹과 달리, 공간 프로토콜은 우리가 살고 운영하는 세계를 위한 웹, 즉 직접 경험하는 웹 공간 네트워크인 공간 웹을 만든다.

HSTP는 공간 웹을 이동하기 위한 솔루션이다. 사용자와 스마트 자산은 어떤 정보나 또 다른 웹 공간과 연결된 하나의 웹 공간에 '하이퍼스페이스hyperspace' 링크를 배치해 웹 공간 간 '하이퍼포팅hyperporting'을 위한 HSTP를 사용해서 공간 웹 어디에서든 공간 도메인 간에 전송되거나 재배치될 수 있다. 이것은 오늘날 웹에서 콘텐츠와 웹 페이지를 연결하는 방식과 비슷하다.

모든 공간의 주소와 이러한 공간을 연결하는 프로토콜로 우리는 공간에서 공간으로 안전하게 객체를 이동할 수 있으며, 공간을 통해 움직임을 추적하고 거래를 자동화할 수 있다.

스테이트풀니스(Statefulness)

기록이 있는 곳은 가치가 발생하는 곳이다. 스테이트리스stateless[8] 특성을 타고난 월드 와이드 웹은 안전하고 신뢰할 수 있는 공유 데이터 저장 및 접근 방법이 결여됐다. 이것은 아마존이 판매 지수sales index로, 또 페이스북이 소셜 지수social index로 그랬던 것처럼 구글 같은 기업들이 검색 지수search index 기능으로 사용자가 남긴 '상태'나 일련의 이벤트를 포착하도록 만들었다. 이로써 이런 회사들은 사용자 활동, 주의 및 행동 양식을 사용해 수익을 창출할 수 있었다. 이것은 수조 달러가 애플리케이션이나 로직 계층 그리고 이를 가능하게 만든 서비스 제공 업체 중심으로 몰리는 결과를 낳았다. 사용자는 네트워크에 기여한 그 어떤 경제적 보상도 받지 못했으며, 웹 개발자가 자신의 창작물을 의미 있게 수익화할 수 있는 것도 아니었다.

공간 인덱스는 이보다 훨씬 더 큰 가치가 있기에 모두가 사용할 수 있는 글로벌 공공 유틸리티여야만 한다. 분산 원장 기술에 힘입어 '스테이트풀stateful[9]' 공간 인덱스는 오늘날의 웹이 달성할 수 없는 방식으로 공간 웹에서 가치를 생성, 표현, 배포 및 확보하는 데 무척 중요할 것이다. 이 프

---

8 상태를 저장하지 않음 - 옮긴이

9 작업 처리 상태가 항상 공유돼 저장, 유지됨 - 옮긴이

로토콜의 토큰화[10]는 월드 와이드 웹이 구축되던 시기에 없었던 새로운 웹의 프로토콜로 수익을 창출할 수 있는 역사적 기회를 나타낸다.

사용자는 분산되고 불변하며 투명한 공간 인덱스로 그들이 만들어낸 가치를 유지할 수 있다. 커뮤니티는 창작물을 자체적으로 관리하고 수익을 창출할 수 있다. 동시에 디지털 토큰은 광범위한 공간 애플리케이션, 상호 작용 및 거래를 강화하고 검증할 수 있다. 분산 원장에서 이용할 수 있는 토큰화 스테이트풀 웹tokenization stateful web은 가상 공간과 실제 공간을 안정적으로 연결하고 가치를 추적하며 신원과 위치를 검증하는 반면, 개인 정보와 데이터 주권[11]을 지키고 보호할 수 있다. 이로써 몇 가지 강력한 특성이 생긴다.

스테이트풀 공간 웹은 사람의 스마트 디지털 트윈을 만들 수 있으며, 물리적 공간과 객체를 믿을 수 있고 안전하게 공간적으로 연결한다. 이것의 효과는 객체나 사람이 물리적 공간이나 가상 공간으로 이동할 때 공간 계약이 자동으로 실행되게 하는 것이다. 소유자나 승인된 기관이 설정한 공간 권한에 따라 실행 기록을 작동하거나 거래를 시작한다. 이것은 공간 웹을 모든 상호 작용과 거래 또는 운송에 신뢰할 수 있는 네트워크로 만들어준다. 스마트 공간과 스마트 자산으로 인공 지능은 컴퓨터 비전, IoT, 로봇공학을 이용해 물리적 사물과 디지털 사물을 모두 보고 듣고 만지고 움직일 수 있다. 이것은 드론과 자동화 차량의 가이드로 사용되거나, 사용자와 로봇에 접근 제한 또는 하나의 스마트 공간에서 다른 곳으로 이동한 스마트 자산의 추적에 사용될 수 있다. 스마트 계약과 스마트 결제Smart Payments로 가상 공간과 지리적 공간 모두에서 원활하고 안전한 상호 작용 및 거래가 가능하다. 사용자는 세계를 이동하며 스마트 계정Smart Accounts으로 스마트 자산을 움직이고, 재화 및 용역의 값을 지불

---

10 tokenization. 개인 정보 보호를 위해 관련 데이터를 토큰으로 변환해 사용 - 옮긴이
11 data sovereignty. 한 국가가 가진 데이터의 권리- 옮긴이

하고, 자신의 자산을 사용하는 대가를 받을 수도 있다. 이것이 바로 웹에 스테이트풀니스statefulness를 추가한 힘이다. 이로써 완전히 새로운 범주의 기능과 이점을 제공한다. 사람과 장소, 사물의 표준화된 식별자를 포함하고 모든 객체와 사물의 스마트 트윈에 하이퍼스페이스 링크를 추가해 어떤 사물이든 정보를 연결할 수 있다. 크라우드 소싱crowd sourcing[12]이 가능한 '위키피디아 같은' 데이터가 웹 페이지가 아닌, 공간 안에서 참조하는 객체에 연결돼 있다고 상상해보라. 어떤 객체든지 일종의 '위키 오브젝트Wiki-object'가 되는 것이다.

---

12 대중과 아웃소싱의 합성어. 대중의 참여로 솔루션을 얻는 방법 – 옮긴이

공간 웹의 구성 요소

공간 웹 프로토콜 슈트 Spatial Web Protocol Suite는 가상 공간과 지리적 공간의 사용자, 자산, 통화를 원활하고 상호 운용적으로 움직이는 전 세계 보편적 기준을 위한 모두가 자유롭게 이용할 수 있는 오픈소스 명세다.

공간 웹 프로토콜과 표준은 자유롭게 개방된 안전하며 상호 운용이 가능한 공간 웹에 필수적이며, 실제 세계나 가상 공간 어디에서든 사용자가 공간 콘텐츠나 연결된 물리적 객체를 추적하고 상호 작용 및 협업할 수 있는 웹 공간을 만들어야 한다. 이를 위해 플랫폼, 기기 및 장소 간 상호 운용성을 지원해야 하며 필요에 따라 분산 원장 기술로 인증 및 검증함으로써 가상 세계 웹 공간과 실제 세계 웹 공간의 자산을 안전하게 구매하고 쉽게 이전할 수 있도록 해야 한다.

프로토콜 슈트는 스마트 공간Smart Spaces, 스마트 자산Smart Assets, 스마트 계약Smart Contracts, 스마트 사용자 계정Smart User Accounts, 공간 프로토콜Spatial Protocol의 5개 요소로 이뤄졌다.

스마트 공간(Smart Spaces)

스마트 공간은 규정된 장소 즉, 몇 가지 설명 정보와 분류 정보, 공간 도메인과 상호 작용 및 거래 규칙(스마트 계약)으로 그 영역을 규정할 수 있는 가상의 혹은 물리적 '장소place'를 말한다. 스마트 공간은 '프로그래밍 할 수 있는 공간'이다.

공간 내 사용자가 누구인지 또는 자산이 무엇인지 거래(트랜잭션)를 검증 해 의미론적으로 인식하고 '이해'하며 이와 관련된 권한을 참조하고 검증 할 수 있다. 스마트 공간은 분산 원장으로 안전하게 암호화되며 사용자나 객체, 소프트웨어, 로봇을 제어할 수 있다.

문제Problem: 현재로서는 사용자나 AI, 공간 콘텐츠, IoT 장치의 공간 권한 관리를 믿고 부여할 방법이 전혀 없다. 공간적으로 활동의 권한을 식별해 발견하고 부여하는 표준 방법이 존재하지 않기 때문이다. 실제 세계 도메 인과 가상 도메인에서 공간 콘텐츠를 검색할 방법이 없다.

솔루션Solution: 어느 공간이든지 실내·외 공간을 포함해 실제 세계(위도, 경 도, 고도 또는 높이)나 가상 (x, y, z) 중 하나의 좌표를 사용해 영역이 규정 된 스마트 공간이 될 수 있다. 밀리미터 미만의 단위 및 제삼자 리로컬리 제이션re-localization 최적화를 사용한다. 스마트 공간은 모든 기기와 플랫폼, 가상 공간과 실제 세계 속 모든 장소 간 자산의 위치, 소유권, 권한의 증 명을 용이하게 한다. 검색과 사용자 거래, 자산 거래가 가능하다. 또 공간 콘텐츠의 다중 채널과 많은 사용자를 지원할 수 있다.

이점Benefit: 여러 사용자가 스마트 공간에서 시공을 넘나들며 스마트 자산 을 검색하고 추적할 수 있으며, 상호 작용하고 협업할 수 있다. 스마트 공 간은 프로그래밍이 가능하다.

사례Example: 다른 주州의 집을 구입하려는 한 커플이 구입할 집의 다양한 공간을 가상으로 체험하며 가구가 잘 어울리는지 배치해볼 수 있다.

롱비치 항구는 홍콩에서 떠난 화물이 방금 도착했음을 구매자의 계정으 로 알린다. 구매자의 계정에서 자동으로 운송 회사 측에 항만 비용을 차 감한 금액을 지불한다.

스마트 자산(Smart Assets)

스마트 자산은 고유한 존재, 소유권 및 위치를 증명할 수 있는 모든 가상 또는 물리적 객체를 의미한다. 자산에 대한 설명, 분류, 소유권, 위치, 사용 및 거래 조건 그리고 고유한 이력이 담긴 단일 암호화 ID로 분산 원장에 등록되기 때문에 이를 입증할 수 있다.

문제Problem: 객체와 동기화되고 연결된 이력이나 소유권, 위치, 권한의 보편적 출처 또는 기록이 객체에 남아있지 않는다. 장소, 사용자, 앱, 게임 또는 가상 세계 간에 객체를 거래하거나 공유, 판매, 이전할 수 없다.

솔루션Solution: 보편적 출처를 지닌 객체를 제공한다. 고유의 존재, 소유권 및 위치 증거를 확보한 객체는 이제 스마트 자산이 된다.

이점Benefit: 스마트 자산은 프로그래밍된 규칙이나 공간 계약에 따라 위치, 사용자, 앱, 게임 및 가상 세계 간에 사용, 거래, 공유, 판매 및 이전이 가능하다.

사례Example: 한 여성이 거실에서 수천 개에 달하는 상점을 검색해서 주문하기 전, 3D 가상 버전의 시계와 지갑, 모자를 '착용해 본다'.

보수 팀은 에어컨 장치를 고치기 위해 카지노 지붕을 가로지르는 화살표를 따라간다. 일단 그곳에서 해당 장치의 유지 관리 내역을 확인하고 시각적 안내에 따라 새로운 부품을 설치할 수 있다.

스마트(공간) 계약 (Smart Contracts)

스마트 계약이란 프로그래밍이 가능하고 자동화된 '코드로서의 계약'으로, 정적 문서에서 지속적인 인적 관리가 필요한 거래나 서비스 계약을 제거한 자체 실행 소프트웨어를 말한다.

문제Problem: 사용자, 기기, 자산이 존재하는 위치 사이에 이뤄지는 상호 작용이나 거래에 필요한 표준 규칙이 존재하지 않는다. 물리적 공간에서 이용 가능한 표준 규칙이 없다. 따라서, 가상 공간과 실제 세계에서 위치 및 사용자 간 자산의 검색이나 발견, 탐색, 추적, 상호 작용, 거래 등이 불가하다.

솔루션Solution: 누가 자산의 검색과 발견, 탐색, 추적, 상호 작용, 거래 등을 할 수 있고, 누가 위치 간 자산을 전송할 수 있으며, 또 누가 가상 공간과 실제 세계에서 사용자 간 소유권을 이전할 수 있는지를 결정하는 일련의 프로그래밍이 가능한 공간 규칙이나 공간 계약을 활성화한다. '연결된' 물리적 객체는 소유권, 추적, 상호 작용 및 거래 규칙과 거래 기록을 지닌다.

이점Benefit: 가상 및 지리 공간에서 시공을 초월한 스마트 공간과 스마트 자산의 검색, 탐색, 추적, 상호 작용 및 거래가 쉬워진다.

스마트 결제(Smart Payments)

스마트 결제는 자동화된 방식으로 공간 전체에서 사용자와 자산 간 모든 가치 교환에 필요한 결제를 인증하고 실행하도록 프로그래밍이 가능한 거래를 활성화한다.

문제Problem: 거래에 시간과 비용이 많이 드는 검증 및 결제가 필요하며 이러한 이유로 물리적 세계에서 거래를 자동화하기가 어렵다. 또한, 기계 간 상호 작용 같은 특정 상호 작용에 연속적인 소액 결제, 즉 '스트리밍 가능한 돈'이 필요할 때 소액 거래가 부족해 고가 품목의 결제가 제한된다.

솔루션Solution: 디지털 지갑Digital wallet(전자 지갑)이나 가상 화폐를 사용하면 웹 3.0의 모든 앱과 가상 공간, 지리 공간에서 원활하고 통합된 자동 결제가 가능하다. 자산, 경험, 공간, 서비스에 필요한 소액 거래를 활성화한다. 사용자와 자산, 공간에 디지털 지갑의 사용을 허용한다.

이점Benefit: 스마트 결제를 통해 공간 웹에서 자동으로 원활한 결제가 이뤄진다. 사용자나 공간, 자산은 권한에 따라 서로 거래할 수 있다. 이로써 스마트 자산을 자율적으로 거래할 수 있고 전 세계적으로 낮은 비용 또는 제로 비용의 소액 거래가 가능하다. 이것은 우리가 우버 차량에서 내리고, 에어비앤비 숙소로 들어가며, 포스트메이츠의 주문을 받을 때 발생하는 공간 트랜잭션과 다를 바 없다. 근본적 차이점은 공간 웹에서 이러한 공간 트랜잭션이 스마트 결제 아키텍처의 기본 이점이라는 것이다. 이러한 아키텍처의 결과가 공간 네트워크 경제이며 이는 모든 거래의 자율 경제 기능을 활성화한다.

사례Example: 쇼핑객이 상점에 들어가면 안면 인식 카메라로 식별하고, 원하는 품목을 손에 들고 매장을 떠날 때 스마트 계정으로 비용이 청구된다.

게이머가 마법의 검으로 유명한 드래곤을 죽인 후, 검을 다른 세계로 가져가 다른 플레이어에게 판매한다. 드래곤을 죽였던 기록은 그대로 검에 남는다. 검이 다른 특별한 적을 죽이는 데 사용될수록, 점점 더 높은 가격으로 재판매된다.

스마트 계정(Smart accounts)

스마트 계정은 공간 브라우저와 다른 모든 웹 3.0 애플리케이션에서 사용할 수 있는 단일 사용자 계정으로 사용자 신원과 자산 인벤토리, 사용자 및 위치 기록, 전자 지갑, 통화 및 결제를 인증하고 저장하며 관리한다.

문제Problem: 현재의 웹은 사용자가 제삼자의 다른 리소스와 서비스에 접근하려면 어쩔 수 없이 다수의 계정을 만들고 사용자 자신을 인증할 수 있는 프로필을 생성해야만 하는 구조다. 사용자는 단일 로그인 또는 계정을 보유하고 있지 않다.

솔루션Solution: W3C의 분산 신원 확인Decentralized Identity[13]을 지원하는 공간

---

13 개인의 신원 정보를 분산시켜 관리하는 전자 신분증 시스템 – 옮긴이

웹용 단일 스마트 계정을 보유한 사용자에게 제삼자는 자신을 인증하고 사용자 개인 정보 보호 및 권한 설정에 기반한 사용자의 스마트 계정 프로필 정보, 스마트 자산, 스마트 공간, 상호 작용 및 거래에 접근할 권한을 허용받는다. 사용자는 자신만의 계정, 데이터, 기록, 인벤토리 및 콘텐츠를 소유한다.

이점Benefit: 스마트 계정으로 공간과 사용자 간 자산의 개인적이고 안전하며 원활한 상호 작용 및 거래가 가능하다.

사례Example: 쿠바의 한 의대생이 브뤼셀에서 저명한 외과의가 이끄는 수술에 가상으로 참여한 후 가상으로 동일한 수술을 진행하는 동시에 전 세계 외과의와 동료의 평가를 받는다.

FAAFederal Aviation Administration (미국 연방 항공청) 승인을 받은 기술자가 제트 엔진의 3D 가상 복사본, '디지털 트윈'과 그 서비스 이력을 보며 수리하고, 서비스 기록을 업데이트한다.

4장
/
기능과 혜택

"그런데 이게…무슨 쓸모가 있단 말인가?"
— IBM 고등 컴퓨터 시스템 엔지니어, 1968년, 마이크로 칩에 대해 언급하며

공간 웹에서의 신원

미래의 신원(Identity)

검증이 가능하며 신뢰할 수 있는 신원은 사람, 장소 및 사물 간 상호 작용과 거래, 운송의 필수 요소다.

시간에 따라 식별 기술은 진화해왔다. 어제의 작은 구슬, 문신, 서면, 인쇄된 여권, 신분증, 출생증명서부터 내일의 암호화 서명, 안면 및 홍채 생체 인식 기술에 이르기까지. 이러한 기술은 우리가 누구인지, 어디에서 왔는지 또 어떤 권리가 있는지를 증명하고 주장할 때 사용한다. 신원은 사회적 도구이며, 정체성을 설정하고 확인하는 데 사용되는 시스템과 방법에 대한 믿음에 기본적으로 의존한다.

지난 2018년 1월 세계 경제 포럼에서 발행한「디지털 신원 혁명의 문턱 On the Threshold of a Digital Identity Revolution」이라는 백서는 역사적 도전 과제와 중요한 미래 요구를 설득력 있게 표현했다.

"사기, 신분증 도난 그리고 사회적 배척(배제) 등 신원 증명과 관련된 이슈는 역사를 통틀어 개인에게 문제가 됐다. 그러나 우리가 살고 거래하는 영역이 처음에는 지리적으로 성장하고, 이제는 디지털 경제로 성장하면서 인간과 장치 및 기타 개체가 상호 작용하는 방식이 빠르게 진화하고 있다. 이에 맞춰 우리가 신원을 관리하는 방법도 변해야 한다.

제4차 산업 혁명에 들어서면서 더 많은 거래가 디지털로 이뤄지고, 우리의 신원을 디지털로 나타내는 것 역시 점점 중요해지고 있으며, 이는 인간과 장치, 법인은 물론 그 이상의 대상에도 적용되는 문제다.

인간에게 신원 증명은 중요한 서비스를 이용하고 현대의 경제적, 사회적, 정치적 시스템에 참여하기 위한 기본적 전제 조건이다. 기기나 장치는 특히 가까운 미래에 비교적 독립적으로 거래할 수 있기 때문에 거래에 있어 디지털 신원이 무척 중요하다.

법인에서 지금의 신원 관리는 디지털 성장을 지원하는 새로운 기술 및 아키텍처의 이점을 누릴 수 있는 비효율적 수동 프로세스로 이뤄져 있다. 디지털 서비스와 거래, 디지털 법인의 수가 증가함에 따라, 각각의 법인을 식별하고 인증할 수 있는 안전하고 신뢰할 만한 네트워크에서 거래를 보장하는 중요성이 점차 커지고 있다.

신원은 둘 이상의 주체 간 발생하는 모든 거래의 가장 첫 단계다. 오랜 시간에 걸쳐, 둘 사이에 이뤄진 거래 대부분이 자격 증명의 유효성('이것은 참된 정보인가?'), 신원의 확인('그 정보가 신원과 일치하는가?'), 그리고 신원의 인증('이 사람 또는 사물이 그 신원과 일치하는가? 당신은 정말로 당신이 자신이라고 주장하는 사람이 맞는가?')과 연결해 인식해 왔다. 시간이 흘러도 이런 질문은 여전히 바뀌지 않은 채 방식만 변했을 뿐이다."

공간 웹의 시대에서, 우리가 이런 질문을 던질 대상과 대답을 신뢰할 수 있는 대상에 대한 무게 중심을 옮길 수 있는 역사적 기회가 새로이 부상했다.

세계적 관점의 변화

역사를 통틀어 이따금씩 패러다임의 혁명적 변화가 일어나면 우리가 세상을 이해하는 내용과 그 속의 우리 위치가 바뀐다. 천문학 분야에서 과학 혁명Scientific Revolution[1]에 불을 붙이고 산업화 및 정보화 시대의 발판을 마련했으며, 우주상의 우리 위치를 문자 그대로 재정의하게 만든 변화가 1500년대 중반에 발생했다.

그것은 바로 우주 지배적 관점에서 지구를 중심으로 태양, 달, 별, 행성이 공전한다고 여겼던 지구 중심 모델geocentric model에서 지구와 행성이 태양계의 중심인 태양의 주위를 도는 태양 중심 모델heliocentric model로의 변화였다. 지구가 태양을 중심으로 자전할 수 있다는 생각은 초기 피타고라스적 사고에 뿌리를 두고 있었지만…1543년 니콜라우스 코페르니쿠스 Nicolaus Copernicus의 「천구의 회전에 관하여On the Revolutions of the Heavenly Spheres」로 세상에 알려지게 된다. 그다음 세기에 걸쳐, 태양 중심설의 씨앗은 아시아, 이슬람 및 유럽 과학계를 통해 뻗어나가 달의 주기 관찰을 바탕으로 한 갈릴레오Galileo에 의해 마침내 꽃을 피우게 된다. 갈릴레오는 그의 역사적 발견 때문에 교회와 성서가 이야기하는 창조와 인류의 위치에 모순되는 신학적 이단으로 종교 재판에서 유죄 판결을 받았다. 그는 자신이 발견한 사실을 철회해야 했고, 죽음의 위험에 처했으며, 가택 연금을 선고받았다.

갈릴레오가 저지른 범죄가 정확히 무엇이었을까? 그는 교회가 주장하는 주관적 무류無謬, 잘못이 없음가 아닌, 객관적이고 관찰 가능한 데이터를 신뢰했다. 갈릴레오는 자연의 법칙이 수학적이라는 것을 처음으로 밝힌 인물 중 하나였다. 그는 "철학은 우주라는 거대한 책에 쓰여 있다…이 책은 수학이라는 언어로 쓰여 있으며 이것의 문자는 삼각형과 원 및 다른 기하학적 도형이다"라고 서술했다. 갈릴레오의 획기적인 과학적 업적과 '수

---

1   17세기 갈릴레이, 뉴턴 등이 이룩한 고전 역학의 확립과 그에 따른 세계관의 변혁 – 옮긴이

학에 대한 신뢰$^{'trust\ in\ math'}$는 우리를 가장 위대한 과학 발명으로 이끄는 길을 열었다. 그 뒤를 이어 데카르트와 뉴턴이 영감을 받아 달성한 철학과 물리학에서의 업적은 궁극적으로 산업 혁명이 세워질 수 있었던 단단한 기반이 됐다. 중요한 것은 과학 혁명에서 산업 혁명으로 이어진 서구 세계의 핵심적 변화가 교회의 중앙 집권적 권력에 대한 신앙이 과학의 검증 가능한 힘, 즉 의심의 여지가 없는 관찰할 수 있는 사실에 대한 분산된 신뢰로 전환했다는 것이다.

이러한 변화는 관점을 전환하려는 의지와 강력한 호기심, 현실을 더욱 정확하고 진실되게 설명할 방법을 찾으려는 끝없는 욕구가 결합해 시작됐다. 오늘날, 우리에게도 다운스트림^{downstream} 변화 같은 방식으로 세상과 우리 자신 그리고 서로가 이해했던 내용을 바꾸고 다음 세대를 위해 관점을 조정할 기회가 있다.

우리는 중앙 통제적 제삼자가 우리의 신원이나 관련 데이터를 검증하고 확인 및 인증하는 게 이상적이라고 여겼던 지구 중심적 개념을 전환해야 한다. 사용자 계약 약관과 소유권 및 수요 창출 전략의 중요성에 따라 웹 1.0과 웹 2.0 서비스 제공 업체 각자의 행성을 돌고 있는 세계관을 전환할 필요가 있다.

이 새로운 세계관에서 우리의 지구 중심적 관점은 태양과도 같은 우리 자신을 발견하는 태양 중심 모델로 넘어간다. 우리는 태양과 마찬가지로 우리의 데이터 시스템 중심에 있는 에너지 원천이다. 각자의 데이터 시스템에서 분산된 방식으로 자신을 확인하고 인증하며 제삼자는 우리의 데이터를 사용하고 홍보할 목적으로 접근 및 권한을 요구하며 우리 주위를 돈다.

앞서 소개한 세계 경제 포럼$^{World\ Economic\ Forum}$ 백서의 제목에서 알 수 있듯, 실제로 디지털 신원 혁명은 문턱에 다다랐다. 과학 혁명이 우주관을 지구 중심 모델에서 태양 중심 모델로 바꿨던 것처럼 웹 3.0의 디지털 우주에서는 무게 중심을 서비스 중심에서 디지털 신원 및 그에 따른 모든 것을 위한 자기 중심 모델로 옮겨야만 한다.

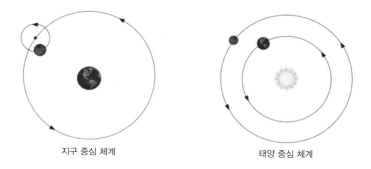

지구 중심 체계   태양 중심 체계

사람마다 온라인 프로필 및 정보 일부로 수집되는 자신의 정보를 결정할 수 있어야 한다. 그들은 자신의 정보에 서로 다른 접근 권한을 가진 사람과 정보가 사용되는 방식을 통제할 수 있어야만 한다. 온라인 신원은 반드시 사용자에게 다양한 형태의 통제를 제공하는 능력으로 유지돼야 한다.

블록체인 기술은 기업과 정부의 개인 데이터 소유권을 개인에게 반환함으로써 디지털 신원의 혁신을 약속한다. 개인은 자신의 정보를 다른 사람과 공유할 수 있는 권한과 인권으로서 원하는 대로 폐지할 수 있는 권한을 가진다.

수학에 대한 신뢰

메리엄 웹스터 사전the Merriam-Webster Dictionary[2]은 신뢰Trust를 '누군가 또는 어떤 것의 성격이나 능력, 힘 또는 진실에 확실한 의존'으로 설명한다.

누군가는 신뢰가 중앙 지향적 요인이며 조직 원리라고 주장할 수도 있다. 신뢰하는 상대가 우리가 인생에서 성공이라 지칭하는 대다수의 시기

---

2   미국에서 가장 오래된 사전 출판사이자 온라인 사전 – 옮긴이

와 방법, 이유를 결정한다. 신뢰는 모든 상호 작용을 중계하는 힘이기 때문이다. 이것은 신뢰할 수 있는 관계 지도와 현재 또는 이전의 새로운 관계가 지닌 근접성proximity을 결합한 지난 기록 데이터의 스코어카드scorecard라 할 수 있다. 어떠한 주제의 직접적인 과거 데이터가 없을 때면 흔히 우리가 정말 신뢰하는 개인과 조직, 시스템에 존재하는 관계 프록시에 의존한다. '알고 있음'은 신뢰 영역에서 무척 중요하다. 마피아Mafia가 오랫동안 이 사실을 잘 이해하고 있었다. 그것이 바로 가족 구성원이 고전적으로 가장 신뢰할 수 있으면서 실패할 가능성이 가장 높은 이유다. 우리는 정량화할 수 있는 타당성이 부족한 신뢰 성향을 보인다.

대체로 과거 실적 증거를 바탕으로 신뢰의 주요 목적은 미래 활동과의 관련성에 있다. 아무도 지난 과거에 누구를, 무엇을 또는 어떤 시스템을 신뢰했는지 걱정하지 않는다. 과거에 당신이 신뢰했든 그렇지 않았든 간에, 그 믿음이 현명했는지 어리석었는지 알게 된다. 두 가지 경우 모두, 그 결과는 시간의 석판에 적혀 기록으로 남는다. 우리의 관심사는 신뢰와 관련된 미래에 있다.

인간 역사의 대부분에서 기본적 신뢰는 실제로 경험적 감각 데이터 및 일시적 경험과 데이터의 해석, 그리고 우리가 원인을 인식하는 방식의 조합으로 형성된다. 어떤 사람은 이를 감각 대 정신의 논쟁이라고 부를 수도 있다. 경험적 주장과 일시적 주장의 진실성, 이 둘 중 어디에 신뢰의 근거가 있느냐를 두고 수천 년에 걸쳐 논쟁이 일어났다. 그런데 여기에 세 번째 경쟁자인 디지털화가 조용히 나타났다.

우리의 신뢰가 점차 디지털 형식으로 옮겨가면서, 우리는 우리를 이끈 감각 또는 정신적 가이드 만큼이나 데이터를 믿게 됐다.

오늘날 테슬라 운전자에게는 세 가지 옵션이 있다.

1. 운전자가 직접 운전. 당신의 감각을 믿어라.

2. 신^{god}이 운전. 정신을 믿어라.

3. 자율 주행. 데이터를 믿어라.

우리는 점점 더 데이터에 의존해 지식을 알리고 세계, 시장, 에너지, 운송 및 건강 부문 등의 운영과 업무를 추진할 것이다. 데이터 무결성$^{data\ integrity}$과 데이터의 출처 및 기록을 조사하는 능력은 앞으로 실질적으로 중요한 것들을 신뢰할 수 있는 능력의 핵심이 될 것이다.

마지막으로 기업과 정부의 데이터 소유권이 기업과 개인에게 돌아갈 수 있도록 함으로써, 개인은 자신이 사용하는 데이터가 분산 메커니즘을 통해 검증됨을 신뢰할 수 있을 뿐 아니라, 기관과 정부 또한 민감한 개인 정보와 관련된 위험과 법적 책임이 줄어들었음을 신뢰할 수 있다.

개인 정보 보호 적용 설계(Privacy by Design)

공간 웹은 '개인 정보 보호 적용 설계$^{Privacy\ by\ Design3}$'가 보장돼야 한다. 개인 정보 보호 적용 설계는 개별 통제, 신뢰 및 보안을 제공한다. 또한 익명성과 감사 기능을 지원한다. 암호화된 보안 디지털 신원^{ID}을 사용해 개인 데이터 교환 및 인증 절차를 밟아야 했던 기존의 상호 작용 및 거래를 '신뢰 없이' 완료할 수 있다. 공간 웹 프로토콜 슈트로 분산 원장의 항목을 통해 모든 사물과 사람, 장소 및 거래의 출처를 확인할 수 있다.

공간 웹 ID 아키텍처는 기본 원칙인 동시에 핵심 요소인 '개인 정보 보호 적용 설계'를 보장해 개인이 자신의 디지털 신원을 통제할 수 있는 불가양의 권리를 가진다. 각 개인은 온라인 프로필이나 서비스 일부로 어떤 정보가 수집되고 이 정보에 누가 접근할 수 있는지를 정확하게 관리하고 물리적 공간과 가상 공간에서 사용할 수 있는 특정 방법을 명확하게 규

---

3 사전에 서비스 기획 및 설계 단계부터 이용자의 프라이버시와 데이터를 보호하는 기술 및 정책을 적용 – 옮긴이

정할 수 있다.

공간 웹 계정 소유자에게는 언제든 디지털 프로필의 모든 콘텐츠에 제한된 액세스를 분명히 규정할 수 있는 절대적 권리가 있어야 한다. 온라인 신원 서비스는 많은 제어 단계를 특별히 관리하기 위해 충분한 유연성과 투명성 없이는 연합 네트워크 ID 시스템의 신뢰가 최소화되는 편리하고 안전한 방식으로 유지될 수 있다.

상호 운용 가능 ID

21세기 디지털 신원 시스템은 국가 및 가상 경계를 넘나들며 사용자 제어가 가능한 글로벌 신원을 만들어야 한다. 지속성과 자율성 덕분에 글로벌 신원은 지속적으로 사용할 수 있다. 물론, 이러한 신원 확인은 인간에만 국한되지 않는다.

사람과 장소, 사물, 물리적 공간 또는 가상 공간에 전부 적용될 수 있다. 사용자나 장소 또는 자산의 ID를 공간 웹에 등록하기 위해 개인과 조직은 먼저 계정을 만들고 W3C 표준 기반의 전 세계 고유한 '분산 신원 확인DID, Decentralized Identifier'을 요청해야 한다. DID는 생체 인식 마커 및 위치별 앵커anchor와 결합해 다중 요소 공간 인증을 제공할 수 있는 양자 내성 암호화[4] 개인 키를 사용해 블록체인에 저장할 수 있다. 시빌 공격[5] 및 기타 유형 공격에서 더 큰 복원력을 보인다.

페이지 대신에 사람, 장소 및 사물을 위한 안전한 URL로 생각하면 된다.

2025년, 사물 인터넷IoT의 수는 750억 개에 달할 것으로 예상되며 곧이어 수조로 그 수가 늘어날 것으로 보인다. DID는 신뢰를, 신뢰는 데이터 스키마를 가능케 한다. 데이터 스키마의 표준화로 모든 사물 인터넷 기기

---

4 양자 컴퓨터의 공격에 안전한 내성이 있어 안전한 암호 기술 – 옮긴이
5 Sybil Attack. 다수의 행위인 듯 속이는 일종의 네트워크 해킹 공격 – 옮긴이

에 드론이나 카메라, 차량, 로봇의 자체 검증 가능한 DID 활동이 포함되며 공간 권한을 통해 관리할 수 있다. 본질적으로 공간 계약을 활성화해 "이 DID(드론)은 이 날짜 · 시간 · 날씨에 이 DID(캘리포니아 산타모니카의 공간 도메인) 안에 있도록 허용된다"라고 규정한다. 모든 IoT 기기가 표준화된 ID를 얻는 것은 글로벌 데이터 커먼즈commons와 마켓 플레이스가 생겨날 수 있음을 의미한다. 이로써 공간적으로 허용된 데이터를 기계에서 사람으로 또 사람에게서 기계로 전송하는 장치의 글로벌 네트워크가 가능해진다. 안전하게 수익화된 데이터의 이 자유로운 흐름은 세상의 중추 신경계 같은 기능으로 사람과 기계, AI 간 그리고 집단, 기업, 도시 및 국가 간 생태계를 효율적으로 활성화한다.

디지털 자산권

자산(재산)은 유형과 무형으로 나뉜다. 법에 따라, 개인이나 단체, 또는 기업이나 사회와 같은 법적 실체가 자산을 소유한다. 자산의 성격에 따라 소유자는 자산을 소비하거나 변경 또는 공유, 재정의, 임대, 모기지, 판매, 교환, 양도, 파기할 법적 권리를 지니며 다른 사람이 위의 것들을 할 수 없도록 차단할 수 있다.

재산권은 원래 토지(부동산)를 위해 만들어졌고 이후 아이디어(지적 재산)에도 적용됐다. 아직 디지털 세계로까지 재산권이 확장되지는 않았다. 공간 웹 프로토콜 슈트는 디지털 자산 소유자가 다양한 형태의 디지털 데이터에 자산 소유권을 할당하고 이러한 소유권의 출처를 블록체인에 기록할 수 있게 돕는 표준 개방형 방식을 제공한다. 이로써 디지털 자산은 안전해지고 디지털 자산을 둘러싼 2차(유통) 시장을 형성해 최종적으로 디지털 또는 가상 경제로 성장한다. 이러한 신흥 경제에서 디지털 권리는 기존의 전통적 농업 및 산업 경제에 대한 물리적·지적 재산권만큼이나 크게 중요하다.

공간 웹은 사람에게 물리적 세계에서 확립해온 소유권 원칙과 동일한 원칙을 적용할 수 있는 권리를 부여한다(예를 들어, 집이 지어진 토지를 소유하고, 그 자신, 개인 데이터 및 3D 객체의 디지털 표현에 대한 물리적 아이템을 소유하듯). 따라서 디지털 자산에는 우리의 신원과 아바타, 가상 공간 및 모든 상호 작용, 거래, 계약상 권리, 위치 기록 등 디지털 자산과 관련된 디지털 정보가 포함된다. 분산 원장을 사용해 토큰화한다면, 물리적 자산이나 디지털 자산은 여러 당사자가 자산 또는 자산 일부를 소유하도록 허용할 수 있다.

공간 웹은 디지털 상품의 정의와 시행을 재고하는 방식으로 물리적·지적 재산권, 계약상 권리, 수익 창출, 가상 울타리geo-fencing[6] 그리고 거래 가능성에 대한 잘 알려진 개념 사이의 경계를 흐릿하게 만든다.

공간 웹은 가상적이고 물리적으로 결합된 거래와 이동 가능한 디지털 자산을 위한 새로운 경제로, 이전에는 전혀 불가능했던 상용 모델을 통해 디지털 세계가 화면에서 물리적 세계로 도약할 수 있게 만든다. 분산 원장 기술의 통합으로 새로운 세대의 안전한 디지털 거래와 몰입형 경험이 가능해졌다.

스마트 자산(Smart Property)

앞서 언급했듯, 스마트 자산은 분산 원장을 이용한 디지털 자산으로 중앙 집중형 제삼자 레지스트리와 관계없이 독립적으로 발행, 소유권 및 이전을 보호하고 통제할 수 있다. 스마트 자산은 2D, 3D, 디지털, 물리적, 가상적, 사람, 동물, 장비, 정보 기타 등등 무엇이든 될 수 있다.

스마트 자산은 그 자산을 언제, 어디서, 어떻게 사용했는지 등 특정 고유 자산에 관한 모든 정보를 포함하는 범용 자산 IDUniversal Asset ID 파일로 정의된다. 그리고 이것은 분산 원장에 등록된다. 스마트 자산 ID는 모든 관련 정보 및 자산의 3D 모델 ID, 생성 시간, 가치, 설명, 사용 규칙 등의 속성 정보를 포함하는 메타 데이터 같은 모든 관련 파일을 나타낸다. 분산 원장에 등록된 메타 데이터로 실제 존재의 증명, 소유권의 진위, 과거나

---

6   특정 구역에 대한 사용자 출입 현황을 알려주는 위치 기반 서비스 - 옮긴이

현재의 지리상 위치나 가상의 위치가 공식적으로 확인되며 검증된다. 스마트 자산 ID는 다른 자산과의 관계(예를 들어, 스마트 자산은 더 작은 하위 자산을 보유하거나 더 큰 상위 자산의 일부가 될 수 있다)를 나타낸다.

스마트 계약은 자산의 사용 권한을 관리할 수 있어서 스마트 공간 안에서 자산의 검색, 탐색, 상호 작용, 거래, 추적 및 운송 등이 가능한 사람을 결정할 수 있다. 누군가 스마트 자산을 검색할 수 있는 상대 좌표[7], 포즈 및 방향 같은 세부 정보를 모두 지정할 수 있다. 스마트 자산은 자산 '내부'에 소유권, 위치, 사용 규칙 등에 대한 신뢰할 수 있는 감사 추적을 포함한다.

디지털 사물의 '진정한' 소유권

노래, 동영상, 앱과 같은 디지털 상품을 구매할 때 온라인 상점은 우리의 인벤토리로 데이터베이스를 관리한다. 판매되는 상품은 회사의 공식 허가를 받았으며 때때로 독점 플랫폼으로 사용이 제한되기도 한다. 라이선스나 사용자 계약 조건은 제품의 소유뿐만 아니라 제품 사용과 관련된 모든 데이터의 소유를 의미할 수 있다.

스마트 자산을 개인이 구매하면 소유주는 개인이다. 실제 상품과 마찬가지로 상품의 소유권은 상품을 구매한 상점과 완전히 독립적이다. 스마트 자산은 영원히 당신의 것이며 누구도 그것을 함부로 가져갈 수 없다.

디지털 희소성(이중 지불 문제)

사람들은 수집품, 예술품, 조각품, 주화, 다이아몬드 등 오랫동안 희소성 있는 유물이나 공예품에 돈을 투자해왔다. 실제 물리적 세계의 투자 적격 자산은 매우 비싸거나 복제가 어려워서 시간이 지날수록 가치가 올라간

---

7 원점이 아닌 주어진 시작점을 기준으로 관측된 좌표 – 옮긴이

다. 그렇지만 디지털 자산은 컴퓨터 코드로만 구성돼 있으며 0에 가까운 비용으로 무한한 복제가 가능하기 때문에, 희소성을 확실하게 증명하기가 일반적으로 어렵다.

컴퓨터는 프로그래밍 가능한 디지털 풍요를 제공했지만, 실제 세계의 다양한 비즈니스 모형을 모방하기 위해 프로그래밍 가능한 디지털 희소성을 만드는 능력 또한 필요하다. 블록체인은 얼마나 많은 자산의 복제본이 존재하는지, 앞으로도 발행될 수 있는지를 정확히 보여줌으로써 솔루션을 제공한다. 블록체인 기반 자산은 발행 규칙을 투명하게 만들어 발행자를 신뢰할 필요 없이, 발행된 데이터와 디지털 희소성 정도에 대한 절대적 신뢰를 제공한다.

디지털 출처

출처Provenance[8]의 개념은 예술 작품이 변경, 위조, 복제 또는 도난되지 않았음을 증명하는 데 사용되는 문서화한 증거가 필요한 미술 세계에서 시작됐다. 공간 웹은 이제 버세스Verses 블록체인 기반 자산 레지스트리를 사용해 신흥 디지털 경제에 필요한 디지털 자산 및 공간의 출처를 제공할 수 있다.

양도성 및 수송성

디지털 자산 출처로 당사자 간 자산 소유권을 양도할 수 있다. 공간 도메인 출처로 위치 간 자산을 이동할 수 있다. 사용자 신원 출처로 사용자는 실제 세계와 가상 공간 간 자산을 옮기고 그들 자신도 옮겨 다닐 수 있다. 이것은 하이퍼스페이스 링크로 객체나 사용자가 영화 〈레디 플레이어 원〉에 나오는 것처럼 가상 위치 간 '하이퍼포트hyperport'가 가능함을 뜻한다. 객체나 사용자는 물리적 세계에서 공간 계약을 통해 이동할 수 있는데,

---

8 프로비넌스. 미술 작품의 소장 이력 등 전반적 기록 - 옮긴이

이는 우버나 포스트메이츠가 자동으로 하는 것과 무척 비슷하다. 본질적으로 모든 사람과 장소 및 사물에 대한 범용 식별자와 주소 지정 능력이 있다면 소유권을 양도하고 위치를 이동할 수 있다.

공간 재산권

웹 3.0에서 가장 중요한 재산권 중 하나는 디지털 공간의 소유권과 통제권이다. 물리적 자산의 디지털 부동산이든 가상의 부동산이든 상관없이 비슷한 규칙을 적용해야 한다.

재산을 사고팔고 이용할 수 있는 자유는 미국 수정 헌법 제 5조에 따라 보호받으며, 재산 소유권을 개인의 권리, 경제 성장 및 발전의 초석으로 간주한다. 이러한 자유는 또한 사회에 내재해 있다. 공간 도메인은 보유자에게 디지털 소유권을 제공함으로써 자신의 공간 디지털 사용을 비롯해 누구에게, 무엇을, 언제 접근할 수 있는지와 콘텐츠의 표시나 판매에 대한 절대적 제어 권한을 부여한다. 전 세계가 더욱 디지털화되면서, 우리 공간에 접근할 수 있는 사람이나 대상의 통제뿐만 아니라 표시할 콘텐츠를 비롯해 거래가 이뤄지는 방식과 장소까지 제어할 수 있다는 점에서 공간 재산권은 역사상 가장 중요한 재산권이 될 수 있다.

디지털 커머스의 탄생

초기 인터넷의 가장 큰 공헌은 **연결**connectivity의 분산이었다. 어느 컴퓨터든지 표준 인터넷 프로토콜을 사용해 네트워크에 참여할 수 있었고 이에 따라 인터넷이 탄생했다. 다음으로, 1990년 월드 와이드 웹과 분산된 **통신**을 위한 새로운 '하이퍼텍스트' 프로토콜이 만들어지면서 하이퍼텍스트 웹사이트의 수는 폭발적으로 늘어났다. 2005년~2006년 웹 2.0의 소셜, 모바일, 로컬 웹으로 사용자 손안의 스마트폰과 페이스북, 인스타그램, 유튜브와 기타 소셜 미디어 플랫폼으로 분산된 **콘텐츠** 생성, 공유 및 이동이 가능해졌다. 2010년 이후에는 분산 원장과 암호 화폐 기술의 도입으로 차세대 분산화가 시작됐다.

암호 화폐

암호 화폐는 안전한 금융 거래와 추가 유닛 생성 제어, 자산의 양도 확인에 강력한 암호화를 사용하는 교환 매체로 작동하도록 설계된 디지털 자산이다. 암호 화폐는 중앙 집중식 전자 화폐와 중앙은행 시스템과 달리 분산(탈중앙화된) 제어를 사용한다.

암호 화폐 각각의 분산 제어는 분산 원장 기술을 통해 작동한다. 일반적으로, 블록체인 같은 분산 원장 기술은 공공 금융 거래 데이터베이스 역할을 한다.

2009년, 오픈소스 소프트웨어로 맨 처음 출시된 비트코인^{Bitcoin}은 최초의 분산형 암호 화폐로 간주된다. 비트코인 출시 이후, 수천 개의 알트코인 (비트코인의 대체 변형이나 기타 암호 화폐)이 만들어졌다. 다양한 글로벌 거래소에서 실시간으로 전환되는 암호 화폐의 미래가 하나의 지배적 암호 화폐로 끝날지, 아니면 상상할 수 있는 모든 범위의 수백만 개 암호 화폐로 끝날지는 누구도 모른다. 한 가지는 확실하다. 사람, 기계, 미래의 가상 경제 간 다양한 거래에 적합하도록 프로그램적으로 설계할 수 있는 철저한 보안의 디지털 교환 매체는 인터넷이 자체적인 상거래를 발견했다는 뜻이다.

웹 3.0은 신뢰와 돈, 가치의 양도(즉 상거래) 탈중앙화로 이끌 준비가 돼 있다. 여태껏 사용자는 중앙에서 통제하는 뱅킹을 통해 상거래를 끝마치기 위해 웹을 떠나야만 했다. 웹 3.0에서 **상거래**는 마지막으로 분산된 네트워크이기에 본래 디지털 태생이다.

	인터넷	웹 1.0	웹 2.0	웹 3.0
분산적				연결성
			연결성	커뮤니케이션
		연결성	커뮤니케이션	콘텐츠
온라인	연결성	커뮤니케이션	콘텐츠	상거래
중앙 집중적	커뮤니케이션	콘텐츠	상거래	
	콘텐츠	상거래		
오프라인	상거래			

우리는 연결, 통신 및 콘텐츠의 분산화를 이미 목격했지만, 인터넷의 최신 마술 트릭은 상거래를 가상 화폐로 짜인 공간 웹 가상 패브릭인 인터넷의 '본래 타고난 기능'으로 전환하는 것이다. 어떠한 두 개의 지갑 사이든, 주체가 누구든, 무엇이든, 그 어떤 중개자도 없이 어디에서든 서로 교

환이 가능하다. 웹 2.0에서 우리는 웹을 외부 글로벌 경제와 연결해주는 글로벌 네트워크를 보유하고 있다. 웹 3.0에서 우리는 웹이 자체 경제가 되는 뚜렷이 다른 네트워크 경제를 갖는다.

리클라이더Lyclider의 오리지널 비전인 '모두에게 개방된 전자 공유 공간' 은 웹 3.0에서 다양한 형태로 세계의 집단적 가치(지식, 권력, 부 등)에 대한 글로벌 액세스가 가능한 개방형 네트워크인 공간 웹에 의해 실현되고 있다. 웹 3.0은 연결, 커뮤니케이션, 콘텐츠, 상거래를 통해 지구 어디에서나 개인 간 집단 가치를 교류하고 교환할 수 있는 수단을 제공한다. 인터넷은 중앙 제어 권력에서 피어peer(동등 계층)의 저작, 배포 및 게시 네트워크로 가치를 전환한다. 이것이 바로 인터넷의 핵심 '가치 제안'이다. 인터넷은 탈중앙화 엔진Decentralization Engine이다. 진가는 다음 생인 웹 3.0에서 발휘된다.

1990년대 인터넷은 우편, 출판, 전화 통신, 여행, 심지어 소매업까지 산업 및 서비스 전반의 '커뮤니케이션'을 새롭게 재편성했다. 인터넷은 이전과는 전혀 다르게 사람과 정보, 기업을 연결했다. 근본적으로 인터넷은 정보의 흐름과 접근을 분산시킨다. 인터넷은 '웹' 페이지가 있는 '브라우저', 즉 일종의 디지털 책으로 접근할 수 있는 네트워크화된 정보 도서관의 모습을 하고 있었다.

인터넷의 두 번째 물결은 웹 2.0에서 일어났다. 음악, 비디오, 사진 같은 '콘텐츠'를 재편성하고 소셜 네트워크, 블로그, 위키, 동영상 공유 플랫폼, 데이터 저장 사이트 등을 통한 P2P 공유가 가능해졌다. 또 모바일 컴퓨팅 시대를 열어 크라우드 소스 공유 기술로 교통(우버), 숙박 시설(에어비앤비), 노동(태스크래빗), 음식 배달(포스트메이츠) 등 '물리적' 서비스의 혁신을 가져왔다.

위치 정보GPS 기술은 스마트폰에 통합돼 모바일 어플리케이션, 운영 시스템과 함께 디지털 생활을 새롭게 구성했다. 이러한 새로운 기술로 웹 콘텐츠, 사진 및 동영상을 거의 실시간으로 어디에서든 쉽고 편리하게 공유하고 즐길 수 있게 됐다. 장치만 연결된 것이 아니라 우리도 연결됐다. 이보다 더 중요한 것은 아마 '실제 세계'를 구성하는 사람, 장소 및 사물이 디지털로 연결됐다는 점일 것이다. '지역' 검색이 스마트폰에서 발생한 모든 검색 요청의 60%를 뛰어넘었다.

사람, 장소 및 사물이 어디에 있는지 안다는 것은 사람이 더 쉽게 장소에 도달할 수 있고, 사물이 사람에 더 쉽게 닿을 수 있다는 뜻이다. 이러한 디지털 및 물리적 통합은 아주 쉽게 이뤄졌고, 우리 삶에서 빼놓을 수 없을 만큼 중요해졌다. 우리는 또한 이 혁신을 완전히 인정했다. 이 경우, 디지털 콘텐츠는 이러한 상호 작용의 원인이 아니었다. 콘텐츠의 관련성은 컨텍스트에서 등장한 훨씬 더 중요한 요소를 기반으로 한다.

전자 상거래는 온라인 쇼핑을 강화한다. 지난 20년 이상, 전자 상거래는 연간 지출이 3조5천억 달러로 증가했다. 일부는 역사상 가장 빠르게 성장하는 경제라고 주장했다. 하지만 전자 상거래는 실제로 디지털 상거래가 아니며 경제도 아니다. 왜 그럴까?

지불에 필요한 허가, 저장, 전송 및 승인 시스템이 '온라인'이 아니기 때문이다. 45년 된 통신 네트워크를 사용하는 중개 서비스 제공 업체, 은행, 게이트웨이, 금융 기관의 빼곡한 목록이 당신의 돈을 승인하고 '전달route' 하고 관례적인 수수료를 가져간다. 국제 송금은 수수료만 25%의 추가 비용이 발생할 수 있다. 게다가 중앙은행과 정부가 화폐 자체를 소유하고 통제 및 관리하고 있다. 이것은 통화 조작, 높은 인플레이션, 이자율 부담, 돈의 평가 절하, 은행 구제 금융으로 이어질 수 있다. 전자 상거래는 온라인으로 거래가 시작되는 소유권, 저장, 전송 및 기록이 모두 오프라인으로 발생하는 상거래다.

웹 2.0으로 우리는 외부 글로벌 경제와 연결되는 글로벌 네트워크를 보유하고 있다. 전자 상거래는 웹을 방문한 관광객이나 마찬가지다. 웹 3.0

에서 우리는 경제 스스로 웹에서 태어난 네트워크 경제, 즉 디지털 경제를 갖게 될 것이다.

다시 한번 말하지만, 우리는 연결, 커뮤니케이션 및 콘텐츠의 분산화를 이미 목격했고, 최근의 인터넷은 상거래를 가상 화폐로 짜인 공간 웹 가상 패브릭인 인터넷의 '본래 타고난 기능'으로 전환하고 있다.

기술사학자 재닛 어베이트Janet Abbate는 그의 저서 『인터넷의 발명Inventing the Internet』(MITPress, 2000)에서 "사람들은 은행의 보안이 철저하지 않기 때문에 은행에 침입하는 것이 아니다. 그곳에 돈이 있기 때문에 침입하는 것이다"라고 서술했다. 인터넷의 초기 디자이너와 제작자에 관해서는 "그들이 교실을 짓고 있다고 생각했지만, 그것은 은행으로 변했다"라고 말했다. 웹은 은행이 되려고 설계되지 않았다. 전자 상거래는 하나의 핵hack이었다.

이 핵이 수조 달러에 달하는 가치로 성장했다. 공간 웹의 핵심 프로토콜 계층에서 계획적으로 상거래를 지원함으로써 창출할 수 있는 가치의 양을 상상해보라. 그것이 사용될 수 있는 모든 새로운 방법을 상상해보라.

모든 것의 가상화

공간 웹에서 수십억 개의 새로운 가상 자산, 환경, 경험이 생성될 것이다. 또한 수조 개의 디지털 센서가 가전제품, 자동차, 집 심지어 우리 몸에도 내장될 것이다. 엄청나게 많은 새로운 3D 스캔 '실제 세계' 객체 및 위치가 모두 '가상화'될 것이다. 역사 속 인물, 사물, 환경이 책과 만화의 페이지와 텔레비전, 영화, 게임의 화면에서 튀어나와 우리를 둘러싸고 우리 사이를 활보할 것이다. 마침내 가상 자산은 역사상 가장 거대한 자산 등급이 될 것이다. 우리가 그 가치로 이익을 얻으려면, 자산의 독창성과 소유권을 증명하는 안전하고 상호 운용 가능한 수단뿐만 아니라, 사업 간, 세계 간 상거래와 가상 및 실제 위치 간 이동이 가능한 수단 역시 필요하다.

디지털 설계 3D 모형

1970년대 초 3D 컴퓨터 그래픽이 탄생한 이래 수십억 개의 3D 모형이 만들어졌다. 오토데스크^{Autodesk} 같은 회사의 프로그램이 3D 모형 제작 도구 시장을 장악했다.

이러한 도구와 그들이 만들어낸 모형은 텔레비전, 영화, 비디오 게임, 마케팅, 광고, 가상 현실 등 다양한 산업에 걸쳐, 오늘날 우리 삶의 거의 모든 분야에 사용되고 있다. 또한 제품 설계, 건물 설계 및 건축, 토목 공학 및 도시 계획, 환경 및 과학 시뮬레이션 등에도 사용된다. 당신이 지금 있는 방을 둘러보면, 주변 물체 대부분이 컴퓨터에서 3D 모형으로 설계됐을 것이다. TV를 켜서 광고나 쇼를 보거나 콘솔 비디오 게임을 하면 컴퓨터에서 생성한 3D 객체, 로고, 환경, 캐릭터 등을 볼 수 있다. 아이언 맨 슈트부터 오럴 비^{Oral B} 칫솔, 최신 아이폰, 내년 BMW까지 모든 것이 컴퓨터의 3D 모델로 설계된다.

오늘날 유니티^{Unity}, 터보스퀴드^{Turbosquid}, 스케치팹^{Sketchfab} 등 플랫폼에 수백만 개의 객체가 있는 수많은 3D 자산 저장소가 존재한다. 이들은 모두 게임, 영화, TV쇼 등을 채워줄 사전 제작 객체, 환경, 캐릭터, 게임, 영화, TV 프로그램 등을 모두 판매한다. 웹 3.0에서 이러한 자산은 수백만 개의 AR 앱과 가상 공간 간 이동이 가능해지면서 공간 웹을 구성할 것이다. 우리가 쓴 글이나 사진, 음악, 영화와는 달리, 수십억 개 3D 모형은 한 가지 중요한 공통점이 있다. 이들은 온라인이…아니다. 아직은 그렇다. 이들은 모두 사일로 데이터베이스에 저장된다. 고유하지 않고 쉽게 판매하거나 배포할 수 없으며 아직 인터넷의 일부가 아니다. 인터넷 일부가 됐을 때 드러날 가치의 잠재력을 상상할 수 있겠는가?

디지털 스캔 및 트윈 모델

설계 모델 카테고리를 능가하는 위협을 하며 새롭게 떠오른 가상 자산의 다음 카테고리는 스캔 및 연결 가상 자산Scanned and Connected Virtual Asset이다. 이것은 컴퓨터 비전과 깊이 감지 카메라가 결합된 스캐닝 기술을 사용해 기존 물체, 환경 심지어 사람의 3D 모형까지도 만들 수 있다. 이러한 3D 스캐닝 기술은 비싸고 조립이 복잡해 사용이 번거롭지만, 현재 최신 스마트폰은 하드웨어에 이러한 새로운 카메라와 AI 칩이 내장돼 있으며 소프트웨어와 기능이 OS에 탑재돼 있다. 이로써 차세대 사용자는 기본적으로 객체, 사람 및 환경의 현실적 스캔이 가능하다. 이러한 실시간 스캐닝 기술을 탑재한 스마트 안경, 드론 및 자율 주행 차량으로 전 세계의 얼마나 많은 객체, 환경 및 사람이 곧 그들만의 초현실적hyper-real 3D 모형을 갖게 될 것인지 짐작할 수 있다.

더 많은 객체가 컴퓨터화되면서, 연결된 초현실적 객체를 수없이 많이 보게 될 수도 있다. 전에 이야기했듯, 사물 인터넷의 소유권과 사용 데이터, 연결 장치는 분산 원장에서 반드시 안전하게 보호돼야 한다. 하지만 실제로 어떻게 데이터에 접근하며 연결 장치와 상호 작용할 수 있을까?

디지털 트윈은 물리적 자산이나 프로세스 또는 시스템에 관련된 데이터의 3D 디지털 모형이다. 단연코 모든 디지털 재현은 텍스트 기반 진단 정보부터 2D 블루 프린트와 도식, 그림, 완전한 3D 복제품에 이르는 모든 품목(심지어 사람까지도)의 상태와 이력을 나타내는 디지털 트윈의 일부로 간주할 수 있다. 오늘날 대부분의 설명은 3D나 공간을 나타내는 경향이 있는데, 이는 산업 및 기업의 디지털 변환으로 진화하는 일부분이다.

디지털 트윈을 물리적인 것과 동일한 사물(또는 트윈)인 세부적 가상 모델로 생각하라. 그 '사물'은 냉장고나 차량, 심장일 수도 있고, 공장이나 상점, 전체 도시처럼 네트워크로 구성된 모든 시스템일 수도 있다. 컴퓨터 비전과 물리적 자산의 연결 센서는 디지털 트윈에 따라 물리적인 것이 현실 세계에서 작동하는 방식과 현재 실시간 상태와 활동은 물론 과거 상태를 나타내는 중요한 정보를 보여줌으로써 가상 모델을 구성할 수 있는 데이터를 수집한다.

디지털 트윈은 지난 기계 사용에서 과거 데이터를 수집해 3D 디지털 모형에 이를 표시할 수 있다. 따라서 디지털 트윈은 출처, 생성, 물류, 유통, 가정용, 폐기 및 리퍼포징 등을 포함한 자산의 모든 과거 이력을 지닌다. 또한 센서 데이터를 사용해 다양한 작동 상태를 전달할 수 있다. 디지털 트윈은 다른 유사한 기계와 다른 유사한 기계 집합, 그리고 그것이 일부분일 수 있는 더 거대한 시스템 및 환경으로부터 학습할 수 있다. 디지털 트윈은 인공 지능과 머신 러닝, 데이터를 이용한 소프트웨어 분석을 통합해 그들의 물리적 변화에 따라 업데이트하고 변화하는 살아있는 디지털 시뮬레이션 모형을 만들어낼 수 있다.

비록 디지털 트윈이 대부분 실시간 정보와 과거 라이프 사이클의 3D 뷰를 나타내는 진단 도구로 사용되지만, 인공 지능이 더해진 디지털 트윈은 시뮬레이션과 예측 분석을 가동할 수 있는 모형으로 사용될 수 있다. 이 것은 객체 자체에 홀로그램 인터페이스의 역할을 할 수 있기 때문에 사람이나 인공 지능이 작업을 편집하고 업데이트하거나 프로그래밍할 수 있는 수단을 제공한다. 당신은 외과 의사나 기술자가 로봇의 디지털 트윈을 사용해 원격 수술이나 장비를 고치는 모습을 상상할 수 있을 것이다.

공간 웹에서 디지털 트윈이 완전히 실현된 모습은 AR이나 VR을 통한 홀로그램으로 연결될 수 있는 사물 인터넷 장치와 객체, 환경, 사람의 아바타이며 수동 제어와 원격 제어 모두 가능하다. 물리적 객체나 기계라면, 스마트 계약으로 검증된 스마트 공간에서 작업을 촉진하는 인공 지능을 통해 자동화되고 로봇으로 작동될 수 있다. 이것은 모든 과거 기록과 데이터가 분산 원장을 통해 안전하게 저장되고 확실하게 평가받으며 다양한 사용자에게 허가되고 데이터 시장에서 수익을 창출할 수 있기 때문에 '스마트 트윈Smart Twin'이라고 표현할 수 있다. 스마트 트윈은 공간 웹의 '킬러 앱Killer App'이며 그 이유는 모든 3.0 기술 스택을 사용하기 때문이다.

상호 연결된 하나의 네트워크로 통합된 지구상 모든 상호 작용, 거래 및 활동의 프로세스와 상태, 사람, 장소, 사물에 미치는 스마트 트윈의 영향은 전체 세상의 1:1 크기의 스마트 트윈으로 이어질 수 있다. 한 행성 규모의 스마트 트윈은 지구 자원의 모든 사용과 에너지 흐름, 물리적·경제적·사회적 시스템의 모든 활동, 그리고 희망, 꿈, 시도, 실패, 성공 등 사람의 모든 활동을 보여준다. 웹 3.0 시대에서 '세계는 웹이 된다'.

하지만 이것은 단지 하나의 세계일 뿐이며 물리적 도메인에서만 존재한다. 우리가 다중 행성 생명체가 된다고 하더라도 그것은 디지털 트윈을 물리적 은하로 확장할 뿐이다. 그러나 가상 현실은 이미 우리의 상상에서 온 우주를 만들고 채웠을 것이다.

월드 빌더와 AI 생성기

〈마인크래프트Minecraft〉는 샌드박스 형식의 인기 비디오 게임으로 플레이어는 게임을 시작할 때마다 맵, 아이템, 조건을 생성하는 3D 세상에서 다양한 디지털 블록을 쌓고 설치할 수 있어 플레이어의 설계와 참여가 필요하다. 이는 일종의 레고 빌딩 플레이 공간이다. 2019년 〈마인크래프트〉에 주목할 만한 사실은 1억 명의 젊은 세대가 전체적으로 **지구의 약 8배 규모**의 가상 세계를 설계하고 구축하며 자라왔다는 점이다.

이것은 결코 어린이 게임이 아니다. 게임으로 가장한 세계적 규모의 토목 공사 프로젝트로 월드 빌더World-Builder 세대를 만들어냈다.

〈마인크래프트〉와 기타 멀티플레이어 세계, 이스포츠e-sports 그리고 다이내믹한 아바타와 함께 요새를 건축해 싸우는 〈포트나이트〉 같은 게임은 월 사용자가 수억 명에 달한다. 그들은 수십억의 수익을 창출하고 전 세대가 새로운 세계, 객체, 자산 및 커뮤니티에 놀라운 효용과 가치를 지닌 캐릭터를 만들 수 있도록 고무한다. 그러나 이러한 게임과 이스포츠, 가상 세계, MMORPGMassively Multiplayer Online Role-Playing Game는 사일로된 세계다. 사용자에게는 그들 사이를 이동하거나 객체와 자산을 움직일 보편적 방법이 없다. 그렇지만 공간 웹이 진화하면서 이동성과 객체, 셰이더, 캐릭터 및 힘에 대한 표준 렌더링을 설정해 20억 명의 게이머가 연결, 포트, 매시업 및 새로운 세계를 구축해 함께 기능할 방법을 찾을 수 있다.

그러나 수십억 명의 게이머와 빌더가 수백만의 가상 세계를 구축하기 위해 모두 함께 작업하더라도(스마트 공간은 공간 웹에서 모두 웹 공간으로 상호 연결됐다) AI가 곧 만들어낼 수 있는 것에 비하면 아무것도 아니다.

제너레이티브 디자인

컴퓨터 절차적 생성 그래픽은 수십 년간 사용됐지만, 2016년 마이크로소프트 윈도즈와 플레이스테이션 4의 액션 어드벤처 생존 게임 〈노 맨즈 스카이No Man's Sky〉의 전 세계 출시와 함께 언론의 주목을 받기 시작했다. 이 게임은 알고리즘 절차적 생성 시스템을 사용해 우주의 행성이 구현되고, 플레이어는 각각 고유한 외계 생명체를 수집하고 전투를 벌이기도 한다. 게임 속 행성의 수는 얼마나 될까? 18조가 넘는다. 위키피디아 페이지에는 다음과 같은 설명이 있다. "이 게임이 공식 출시된 지 하루 만에 플레이어는 천만 개 이상의 생명체를 등록했으며, 이 수는 지구상에서 확인된 870만 종을 넘어섰다."

〈노 맨즈 스카이〉나 다른 절차적 생성 게임이 플레이어를 끌어모으고 유지할 수 있을지는 누구든 추측할 수 있다. 여기서 주목할 부분은 몰입적이고 역동적인 경험을 만들기 위한 절차적 생성 알고리즘의 하늘에서 뚝 떨어진 듯한 믿을 수 없는 규모다. 절차적 알고리즘 기술이 AI와 결합하면 어떻게 될까?

생성적 적대 신경망(GAN)과 생성적 AI(GAI)

생성적 적대 신경망GAN, Generative Adversarial Network은 서로 경쟁하는 두 개의

신경망에 의해 수행되는 비지도 머신 러닝에 사용되는 인공 지능 알고리즘의 한 종류다. 하나의 망은 사례를 생성하고(생성자) 다른 하나는 그 예를 판단(판별자)한다. 예를 들어, 생성적 적대 신경망은 나무의 그림을 생성하는 방법을 학습할 수 있다. 생성자는 나무를 만들려 한다. 판별자는 수천 개의 나무 그림을 갖고 있으며 나무가 어떻게 생겼는지 알고 있다. 생성자는 실제로 '나무 같음'을 학습해 판별자를 속일 수 있는 나무의 이미지를 생성할 때까지 '실패'한다. 수천 번, 수백만 번 시도하며 실제와 매우 흡사한 결과가 나올 때까지 모델을 수정한다.

생성적 적대 신경망은 새 가구, 신발, 가방, 의류 등을 시각화한 사실적 이미지 샘플을 제작하는 데 사용해왔다. 또 딥페이크 뒤 한 장면에서 한 사람을 다른 사람으로 '얼굴 교체'하기 위해 동영상을 수정하는 데 사용됐다. 이러한 카테고리의 AI는 데이터가 지닌 패턴이나 스타일, 형태 또는 기능을 인식하고 추출해 역설계(리버스 엔지니어링)하고, 출력을 생성할 수 있는 능력 때문에 '생성적generative'이라고 표현할 수 있다.

생성적 인공 지능GAI, Generative Artifitial Intelligence은 모든 이미지, 사운드, 객체, 장면을 혼합, 일치, 수정, 편집 및 알고리즘 방식으로 생성할 수 있어 2D나 3D의 텍스트, 오디오, 비디오, 그래픽을 바탕으로 디지털 렌더링rendering이 가능하다. 심지어 소프트웨어로 코드화하거나 3D 프린트도 할 수 있다. GAI는 특정 애플리케이션의 소프트웨어를 생성할 수 있는 코드를 만드는 데 사용될 수도 있다. 3D 프린팅과 크리스퍼CRISPR 유전자 편집 및 관련 기술을 활용한 생성적 재료generative materials는 유기 분자, 인공 수족 및 기타 아이템을 맨 처음부터 렌더링할 수 있다.

공간 웹에서 역동적 음악, 조명, 음향 효과, 대화 및 복잡한 장면을 구성하는 생성적 인공 지능의 능력은 상황에 적합한 의미 있는 내러티브 아크narrative arc[9]나 완전하게 상호 작용하는 몰입형 AR 및 VR 환경, 아키텍처,

---

9 이야기의 기승전결이나 전개되는 흐름 - 옮긴이

제품 및 캐릭터를 자동으로 생성하는 데 활용될 것이다. 우리의 인터페이스로부터 사용할 수 있는 많은 무드 트래킹mood-tracking[10] 매트릭스와 바이오 마커bio-marker[11]를 활용해 이러한 경험적 환경을 완전히 개인화하거나 사회적 또는 환경적 조건에 적용할 수 있다.

공간 웹은 우리가 예술과 문화를 창조하는 방식, 제품을 설계하고 만드는 방식, 환경을 조성하는 방식, 건강을 증진하는 방식 그리고 상상의 영역을 경험하고 공유하는 방식을 바꿔놓을 것이다. 가상 세계에서 만들고 놀고 일하는 새로운 세대는 장소와 경제, 커뮤니티, 자존감을 인식해왔던 우리의 기존 방식에 도전할 것이다. 또 거의 무한한 규모로 새롭고 신기한 경험을 가능케 하는 지능형 캐릭터와 장면으로 이뤄진 고유한 환경의 우주를 생성하는 AI의 놀라운 능력은 미래 세대의 '현실reality'이라는 단어를 새롭게 쓸 것이다.

---

10 일정 기간 기분을 기록해 기분 변화 패턴을 파악하는 기법 – 옮긴이
11 몸속 세포, DNA 등을 이용해 변화를 알아내는 생화학적 지표 – 옮긴이

몰입형 문맥 광고

죽음의 소용돌이에 휩쓸린 온라인 광고

광고는 줄곧 웹을 '망치는' 존재로 여겨졌다. 거대한 테크놀로지 기업의 창립자 대다수가 그들의 서비스와 애플리케이션 본연의 기능으로 사용자 참여를 유도하고자 했으며, 광고로 수익을 창출하는 개념을 혐오했다. 구글, 페이스북, 유튜브, 인스타그램, 트위터, 스냅챗, 왓츠앱 등이 모두 출시되고 본연의 핵심 서비스를 바탕으로 엄청난 사용자 성장을 이끌었다. 하지만 사용자 기반이 매우 감소하는 서비스 비용을 청구하는 방법 이외에, 온라인에서 재정적으로 성공할 수 있는 유일한 선택지는 광고 판매뿐이다. 시간이 흐르면서 광고주가 사용자를 효과적으로 타깃팅할 수 있는 사용자 데이터 시장이 등장했다. 점점 더 광고가 목표하는 대상이 늘어났다. 앞에서 언급했듯 웹 1.0에서 구글은 검색 그래프를, 웹 2.0에서 페이스북은 소셜 그래프를 구축했다. 그리고 이로써 전례없는 수익을 창출했다.

케임브리지 애널리티카Cambridge Analytica 사건[12]과 러시아 스파이에 의한 페이스북 광고 플랫폼의 조작 가능성에 대한 청문회에서 오린 해치Orrin Hatch

---

12 페이스북 사용자의 개인 정보가 무단으로 영국의 정보 분석 업체 케임브리지 애널리티카에 유출된 사건 – 옮긴이

상원 의원이 "페이스북은 사용자로부터 돈을 받지 않으면서 어떻게 무료 사업 모델을 유지합니까?"라고 묻자, "의원님, 우리는 광고를 운영합니다"라고 말한 마크 저커버그Mark Zuckerburg의 대답은 유명하다. 지난 역사를 되돌아보면 이것이 곧 웹 2.0 시대의 슬로건이었다고 할 수 있다.

초현실의 위협

공간 웹에서 과도한 개인 타깃 광고 시장의 규모는 이전과 비교해 기하급수적으로 거대해졌지만, 한쪽에는 경제적 가치를 다른 한쪽에는 인간적 가치를 지닌 양날의 검과 같다.

마쓰다 케이치Keiichi Matsuda 감독의 영화 〈하이퍼 리얼리티Hyper-Reality〉는 도시를 돌아다니는 내내 끊임없이 튀어나오는 광고와 게임, 구글 등 인터넷 서비스와 다양한 기능으로 넘쳐나는 미래 세계에 푹 빠져있는 한 여성의 하루를 보여주는 단편 영화다. 이는 디지털 소비의 예술적 운동으로 천 개의 알림에 의한 죽음을 나타낸다. 그리고 웹 3.0에 바라지 않는 모든 것을 완벽하게 보여준다.

마찬가지로, 스티븐 스필버그Steven Spielberg가 소설 『레디 플레이어 원』을 각색한 내용에 악역을 맡은 기업의 사장이 상호 연결된 가상 우주인 오아시스Oasis를 위한 사업 전략을 공유하는 장면이 등장한다. 그는 "우리 연구에 따르면 우리가 발작을 일으키기 전에 누군가의 시야를 광고로 최대 80%까지 채울 수 있어"라고 말한다. 두 가지 예는 우리의 시야에서 수익을 창출하려는 정신 나간 행위를 아주 잘 보여주고 있다. 더 큰 우려는 동공 확장, 기분 및 기타 생체 인식을 모니터링하는 생체 인식 추적기와 함께 아이트래킹eye-tracking(시선 추적)의 혁신이 몰입형 미디어를 수많은 광고 수단 중 가장 '개인화할 수 있는' 매체로 만들어준다는 점이다.

여기에 엄청난 시장 기회가 존재하는 만큼 윤리적 문제는 더욱 크게 나타난다. 학교에서 안 좋은 일이 생기거나 리틀 리그^{Little Ligue}[13]에서 졌을 때 어린아이의 상처 난 마음에 아이스크림은 흔한 치료 방법이다. 그렇다면 당신이 울적해 보일 때 아이스크림을 팔기 위해 현재 당신의 무드(기분) 데이터를 이용하는 광고가 대체 무슨 해를 입힌다는 걸까? 이 정도는 결백해 보인다. 하지만 당신이 다이어트를 하고 있다거나 연이은 체중 감량 실패로 우울증 징후가 있다는 사실까지 노출된다면 어떻게 될까? 아이스크림을 줘도 괜찮을까? 술이나 약물은 어떨까? 아니면 총? 개개인은 반드시 자신의 건강과 생계에 대해 올바른 결정을 내릴 수 있는 책임과 수단을 가져야 하지 않는가? 그렇지 않은가?

누군가는 상상할 수 있는 모든 규모 속 매우 유용한 것부터 무척 파괴적인 것에 이르는 비슷한 시나리오를 떠올릴 수 있을 것이다.

다행히 사용자는 공간 웹으로 어떤 광고주가 어떤 정보에 접근할 수 있도록 할지 안전하게 저장하고 승인할 수 있는 독립적이고 자주적인 ID를 유지할 수 있다. 이 정보는 위치, 시간, 기분, 구매 사이클 등에 따라 조건부로 설정될 수 있다. 이는 사실, 적합한 때에 적합한 광고로 사용자를 타깃팅하려 고군분투해왔던 광고주에게 좋은 소식이다. 광고주는 당신을 타깃팅하기 위해 수많은 공급자로부터 짜깁기한 정보를 사들이기 때문이다. 그러나 대부분 불량하거나 가짜인 정보가 판매되고 있다. 종종 그들은 존재하지 않는 사용자를 타깃팅한다. 이들은 단지 봇^{bot}이거나, 당신이 구매 사이클상 어디에 있는지 전혀 모르기 때문에 당신이 일주일 전에 봐두고 이미 다른 곳에서 사버린 제품을 들고 웹에서 당신을 쫓아다니는 데 돈을 낭비하고 있다.

유럽 연합^{EU} 개인 정보 보호 규정^{GDPR, General Data Protection Regulation} 표준과 캘리포니아 소비자 개인 정보 보호법^{CCPA, California Consumer Privacy Act} 같은 개인 정보 보호법 및 규정은 개인 정보를 적절하게 처리하지 않거나 사용자가

---

13 미국의 어린이 야구 리그 - 옮긴이

서비스에서 사용자 자신을 삭제할 수 있는 권리를 보장하지 않는 회사에 심각한 벌금을 부과하는 획기적인 법안이다. 광고주는 사용자가 직접 제공하는 정확한 정보, 즉 검증된 최신 정보에 접근할 수 있다면 훨씬 더 도움이 될 것이다. 그리고 이러한 사용자 제공 정보의 대부분은 개별 AI로 쉽게 관리할 수 있다.

광고가 상거래가 되는 방법

웹 3.0 시대에서 광고에 대한 가장 큰 아이러니는 아마도 하이퍼 맥락적 상거래[14]를 위한 하이퍼 문맥 광고[15]로 전환될 가능성일 것이다. 이는 공간 웹을 통해 누구든, 어디서든, 무엇이든, 디지털 지갑이 있으면 디지털 통화로, 심지어 소액 결제로도 거래할 수 있기 때문이다. 이러한 변화가 어떻게 발생하는 걸까? 물리적 세계나 가상 세계에서 광고를 접할 수 있는 지점은 디지털 상품이나 제품 또는 경험을 위한 판매 시점 정보 관리[16]가 될 수 있다.

그 예로 당신이 미래 뉴욕의 타임스 스퀘어 한가운데 있다고 상상해보라. 최신 AR 하드웨어가 켜져 있다. 범용 공간 브라우저를 통해 공간 웹에 접속한다. 사정거리 안의 모든 광고주에게 부여한 개인 데이터 프로필에 따라 개인화된 광고판 및 홀로그램 광고를 볼 수 있다. 노골적으로 보고 싶지 않은 광고와 제품은 나타나지조차 않을 것이다. 당신의 개별 AI는 사전에 정의된 취향이나 관심 범위에서 벗어난 광고와 제품은 보지 못하도록 차단한다. 이 장면은 영화 〈블레이드 러너Blade Runner〉나 〈공각기동대: 고스트인 더 셸Ghost in the Shell〉에 등장하는 장면과 비슷하다. 모든 콘텐츠와 객체는 당신의 선호도에 맞춰 완벽하게 개인화된다.

---

14 hyper-contextual commerce. 소비자가 편하고 자연스러운 상황에서 언제 어디서나 원하는 상품을 구입 – 옮긴이

15 웹사이트에 게재된 내용을 기반으로 연관성 높은 광고를 자동으로 노출하는 광고 – 옮긴이

16 POS(point of sale). 판매 시점에 정보를 수집하고 관리하는 시스템 – 옮긴이

이제 새로운 3D 입체 음향 에어팟 세트 광고가 당신 앞의 광고판에 나타나는 모습을 상상해보라. 위로 둥둥 떠다니는 광고를 볼 수 있거나 간단하게 손안으로 들어오도록 움직여서 마치 실재하는 것처럼 가상 에어팟을 회전해 실제 크기로 볼 수 있다. 선택하기 전, 당신은 색상이나 기능, 재료를 바꿀 수 있다. 그 시점에 단지 구두로, 생체 인식이나 다른 방식으로 신호를 보낼 수 있으며 AI 어시스턴트가 공급 업체의 진위와 이력을 확인하면 디지털 지갑은 P2P 결제를 한다. 집에서 주문이 들어오는 대로 제품을 3D 프린팅할 수 있으므로 당신이 도착하면 바로 사용할 수 있을 것이다. 또는 수 분 안에 자동차나 드론을 통해 원하는 경로를 따라 어디에서나 제품을 직접 운송할 수 있다.

이제 한 쌍의 에어팟 대신 새로운 플라잉 테슬라 Z 모델 광고를 상상해보라. 가상 자동차를 지상으로 내리고 가상으로 탑승해 마치 실제처럼 맨해튼을 시험 비행해본 후, 비슷한 배송 옵션으로 실제 차량을 구매할 수 있다. 예를 들어, 당신이 자주 사용하는 80년대 가상 세계의 아바타 중 하나에게 어울리는 희귀한 1981년형 빈티지 카마로Camaro 같은 가상 자동차를 다른 사용자가 제안한다면 교환은 더욱 수월해진다. 이때 당신이 접근을 허용한 사용자 프로필은 물리적인 당신에게만 한정되지 않으며 '크로스 월드cross-world' 방식으로 당신이 사용 설정했던 특정 아바타들까지 포함된다. 오늘날 볼 수 있는 웹에서 당신을 따라다니는 것처럼 보이는 '리타깃팅 광고[17]'와 마찬가지로 이러한 '크로스 월드' 광고는 물리적 세계와 가상적 세계 사이를 이동한다는 점만 다르고, 가상 제품을 판매하기 위해 개인화된 할인 광고를 하는 역할을 동일하게 수행한다.

가상 빈티지 자동차의 예에서, 당신이 타임스 스퀘어에서 물리적으로 차량을 구매하든 아니면 도쿄 2100 가상 세계에서 거리의 3D 홀로그램으로 동일한 광고를 보고 구매하든 상관없이, 당신은 간단하게 결제 승인

---

17 광고주의 사이트에 방문했던 사용자를 대상으로 광고를 송출하는 방식 – 옮긴이

하고, 자동차를 나머지 개인 자산과 함께 스마트 계좌 인벤토리에 넣거나 80년대 세계의 끝내주는 차고 속 또는 운송 권한이 있는 다른 위치로 옮겨놓을 수 있다.

이러한 시나리오를 고려할 때, 광고와 거래의 붕괴는 불가피해 보인다. 이로써 온라인 광고와 전통적 전자 상거래를 뛰어넘는 완전히 새로운 수익 창출 카테고리가 등장할 수 있다. 이를 위해 웹은 커머셜라이제이션 commercialization 계층 업그레이드가 필수적이다.

공간 경제

1960년대 초부터 인터넷은 개방성과 포용성, 공동 작업, 투명성 그리고 탈중앙화의 원칙을 바탕으로 탄생했다. 이러한 원칙은 오늘날 여전히 사용하는 개방형 표준 및 프로토콜로 구현됐다. 인터넷은 탈중앙화 엔진 Decentralization Engine이다. 기술적으로 그러할 뿐만 아니라, 사회적으로, 정치적으로 그리고 이제는…**경제적**으로도 그렇다.

원래 전제는 중앙 집중형 권한이 없는 분산 네트워크를 통한 자발적 데이터 교환이었으나, 사회적 · 기술적 · 경제적 · 정치적 영향력이 매우 깊어졌다. 기술을 통한 탈중앙화의 잠재력이 인간 생활의 모든 영역으로 파고들면서 해가 지날수록 그 영향력은 커져만 가고 있다.

웹 3.0에서 안전하고 상호 운용 가능한 거래를 위한 새로운 도구가 필요하다.

상호 운용 가능 웹 지갑

웹은 디지털 아이템과 물리적 아이템의 사용이나 판매에 필요한 통합된 디지털 결제 방법이 없다. 실시간에 가까운 글로벌 결제 및 처분이 가능한 범용 보안 '웹 지갑'이나 가상 화폐가 없다. 귀중한 가상 자산의 인증 및 거래 가능성(때에 따라 동공이나 음성, 제스처 인증 필요)을 위해 분산 원장의 지원이 필요하다. 사물 인터넷[IoT] 장치는 실시간 리소스 및 데이터를 교환할 것이다. 인공 지능[AI]은 국제적 금융을 관리할 것이다. 오늘날 웹의 고립된 전자 상거래 카트로는 충분하지 않다.

공간 웹의 웹 지갑은 퍼스널 스마트 어카운트[Personal Smart Account]의 일부로 공간 브라우저[Spatial Browser]에 통합돼야 한다. 웹 지갑은 명목 화폐, 신용 카드, 암호 화폐 등 모든 화폐나 결제 방식으로 거래를 처리할 수 있어야만 한다. 보편적으로 허용되는 웹 화폐가 생겨날 수도 있다. 많은 사람이 비트코인이 가능할 것으로 여기고 있다. 이것이 사실일지, 아니면 다른 화폐가 그 자리를 채울지, 결과는 지켜봐야 알 수 있을 것이다. 어쨌든, 공간 브라우저의 모든 곳에서 상호 운용이 가능한 싱글 사인 온[single sign on][18]의 일부로 내재된 웹 지갑은 경제의 완전히 새로운 영역과 앞으로의 인간, 기계 그리고 가상 경제를 연결하는 카테고리를 열어줄 것이다.

만물 경제(The Economy of Everything)

인터넷을 기술 시스템으로 정의하곤 한다. 그렇지만 지난 20년 동안 인터넷은 기술 그 이상이었다. 인터넷은 중앙 권한의 승인 없이 전 세계 네트워크를 상호 연결하는 분산형 통신 인프라다. 현재 온라인 사용자가 35억 명을 넘어서면서 인터넷은 이제 영국이나 인도, 브라질의 GDP보다 큰 분산형 경제적 주체가 되고 있다. 또한 기술 및 비즈니스 모델의 혁신에 힘입어 앞으로 10년간 실질적으로 발전할 것이다. 공간 웹은 컨버전스의 AR, VR, AI, IoT 및 DLT의 기하급수 기술로 움직이는 디지털 네트워크 경제[Digital Network Economy]의 핵심 열쇠다.

초연결 글로벌 경제 안에서는 현존하는 경제의 어떤 부문도 이러한 기술의 손길이 닿지 않은 곳이 없다. 병원, 농장, 도시, 제조 업체, 운송 업체, 유통 업체, 미디어, 게임 및 가상 세계는 영향을 받고 또 변화할 것이다.

---

18 한 번의 인증으로 여러 서비스를 이용하는 방식 – 옮긴이

그리고 기술적 변화를 재빨리 받아들인 이들만이 성공할 것이다. 비즈니스 모델과 경제의 본질이 대대적인 변화를 겪을 수도 있다.

사물의 경제, 사람의 경제, 장소의 경제, 경험의 경제가 모두 네트워크로 함께 연결돼 있다고 생각해보라. 이것은 네 가지 주요한 트렌드의 생성과 네트워킹에 기인해 이뤄진다.

> 사람, 장소 및 사물의 **디지털화**Digitization
> 물리적 또는 디지털 장소 및 사물의 **거래화**Transactionalization
> 거래의 **공간화**Spatialization
> 새로운 감각 경험의 **수익화**Monetization

공간 쇼핑

아마존 고Amazon Go[19]의 새로운 캐셔리스cashierless 상점은 마찰 없는 거래 환경으로 전체 쇼핑 경험을 자동화함으로써 기존 상점의 전통적 기반을 흔들고 있다. 자동화된 쇼핑은 오랜 기간 우리 주변에 존재해왔고 모두가 사용해왔다. 수십 년 동안 탄산음료와 스낵을 제공한 자판기가 있다. 도쿄에 가면 심지어 의류까지 이런 자판기에서 구매할 수 있다.

공간 웹에서 당신은 아무 매장이나 들어가서 사고 싶은 것을 골라, 그것을 들고 매장을 나오면 된다. 구매 내역은 자동으로 청구된다. 줄을 서서 기다릴 필요가 없다.

'단지 걸어 나가는' 미래의 쇼핑은 스마트폰으로 체크인하고, 인증이나 안면 인식 기능 카메라로 매장에 들어갈 수 있게 한다. 당신은 식료품점에서 물건을 고르듯, 물품을 찾아보고 장바구니에 추가할 수 있다. 무엇인가 집어 들고 장바구니에 추가하거나 다시 뺄 때마다 AI와 컴퓨터 비전, 센서가 합쳐져 당신의 움직임을 좇는다. 쇼핑을 마치고 매장을 빠져

---

19 계산 직원인 캐셔(cashier)를 없앤 무인 매장 – 옮긴이

나오면 가져간 품목의 비용이 자동으로 당신에게 청구된다. 그러나 고립된 '애플리케이션별' 생태계에서 이것이 얼마나 빠르게 문제가 되는지 당신은 알 수 있을 것이다.

홀 푸드Whole Food[20]에서는 아마존 기기만 작동할까? 일부 매장에서는 애플 기기만 작동하고 다른 매장에서는 구글이나 삼성 아니면 바이두 기기만 작동하는 걸까? 쇼핑몰에서는 어떨까? 만약 각각의 기기, 운영 시스템 또는 매장마다 별도의 앱 계정과 지갑이 필요한 경우라면 이것은 어떻게 작동할까? 그만큼 공간 웹은 상호 운용 가능하고 자동화된 쇼핑 환경을 지원해야 한다.

모든 매장의 '아마존 고 화北'를 상상해보라. 아마존 독점이 아닌 모든 매장에서 사용 가능한 개방형 표준의 하나로 모든 기기에서 참조할 수 있으며 거래 시 모든 지갑을 사용할 수 있는 모습을 말이다. 이를 위해 신원이나 자산, 상품 및 결제에 필요한 올바른 권한을 가진 모든 사람이 참조할 수 있는 단일 데이터 소스single source of truth인 공유 데이터의 장점이 필요하다. 다시 말하면, 자체 웹 지갑Web Wallet과 함께 제공되는 전 세계 단일 계정이 필요하다.

더 흥미롭게도 세계 경제의 새로운 부문은 가장 빠르게 성장하고 궁극적으로는 가장 거대한 부문인 경험 경제Experience Economy가 될 것이다.

몰입형 경험 경제

가상 현실VR과 증강 현실AR이 셀 수 없이 많은 가상 환경의 고품질 디지털 경험을 생성하기 시작하면서 서비스와 제품보다 경험을 구매하려는 새로운 소비 세대가 증가할 것이다. 오래된 일자리는 자동화되고 경험 경제는 경제에서 가장 큰 부분을 차지하게 될 것이다. '경험 경제'라는 용어

---

20 아마존이 인수한 미국 슈퍼마켓 체인 – 옮긴이

는 1998년 파인B. Joseph Pine II과 길모어James H. Gilmore가 제시한 개념이다. 그들은 경험 경제를 농업 경제, 산업 경제 그리고 가장 최근의 서비스 경제의 뒤를 잇는 차세대 경제로 설명했다.

오늘날 서비스는 기술, 경쟁 심화 및 소비자의 기대치 증가로 인해 점점 상품화되고 있다. 이러한 현상은 주로 가상의 경험과 몰입형 및 개인화된 경험을 바탕으로 한 경제에 대한 가장 강력한 주장 중 하나를 대변한다. 역사적으로 제품은 차별화되지 않은 획일적인 것부터(상품이라고도 불리는) 고도로 차별화된 것에 이르기까지 광범위하다. 서비스 시장이 제품 시장을 기반으로, 그리고 다시 상품 시장을 기반으로 구축되듯, 경험 시장(최종적으로 전환transformation 시장)은 상품화된 서비스(인터넷 대역폭, 컨설팅 서비스 등)를 기반으로 형성된다.

제품이 진화하는 각 단계는 다음과 같이 분류할 수 있다.

- 차별화되지 않은 제품에 대한 상품 비즈니스 요금
- 실재하는 특색있는 제품에 대한 상품 비즈니스 요금
- 수행하는 활동에 대한 서비스 비즈니스 요금
- 고객이 참여를 통해 얻는 느낌에 대한 경험 비즈니스 요금
- 고객(또는 '게스트')이 그곳에서 시간을 보내면서 얻는 혜택에 대한 전환 비즈니스 요금

게임 세계, 인스타그램 및 페이스북 동영상 그리고 한층 나아가 스냅챗 렌즈를 사용하는 소셜 미디어, 영화 〈스타워즈〉에서 R2D2가 보여준 레아 공주 영상과 매우 흡사한 홀로그램을 생성하는 볼류메트릭 동영상의 도입 등 선구적인 현상을 볼 수 있다.

2018년 우버와 아우디Audi, 디즈니Disney는 동기화된 VR '홀로라이드Holoride'를 선보였다. 사용자는 주행하며 '스킨skin'을 사용하거나 레이어를 추가해 창밖의 도로와 풍경을 만화나 영화처럼 보이도록 연출할 수 있다.

홀로라이드에서 운행 경로에 따라 〈앵그리 버드Angry Birds〉 게임을 즐기거나 도로에 매핑된 트론Tron 시뮬레이션에서 디지털 캐릭터와 결투할 수도 있다. 수없이 많은 가상 세계와 경험으로 확대된 현실 세계를 속속들이 한층 더 끌어올려 오버레이하는 다양한 경험의 범위를 한번 상상해보라.

1996년 코펜하겐 미래학 연구소Copenhagen Institute for Future Studies의 덴마크 연구원 롤프 옌센Rolf Jensen은 저서 『드림 소사이어티The Dream Society』(리드리드, 2014)에서 미국 사회가 꿈, 모험, 영성 및 감성이 주목받는 사회로 접어들 것이며 제품에 대한 감정을 형성하는 이야기가 사람들의 구매욕을 자극하는 데 큰 부분을 차지할 것으로 예측했다. 옌센은 이러한 추세를 감정의 상품화로 해석하며 다음과 같이 말했다. "25년 후에 사람들이 구매하는 대부분이 이야기와 전설, 감성 그리고 생활양식일 것이다."

1994년 전자 상거래 시대가 최초로 개막했다. 20년 후 전자 상거래는 B2C 거래에서 1조5천억 달러를 기록했다. 2019년 중국에서만 그 규모가 1조 달러를 넘어섰다.

이러한 모든 것이 스마트하고 자율적이며 네트워크로 연결되고 경제적으로 독립된 기계가 구매자와 판매자 및 서비스 제공자 역할을 하며 AI로 구동되고 사람의 개입이 거의 또는 전혀 없이 중요한 물리적 · 경제적 활동을 수행하는 M2MMachine to Machine 경제를 고려하기 전에 일어났다. 이 진화하는 생태계는 컴퓨팅 능력, 스토리지 및 데이터를 거래하고 공유하는 IoT 장치가 증가하면 실현 가능해질 것이다.

공간 경제는 물리적 경제, IoT의 기계 경제, 그리고 수많은 증강 및 가상 환경, 자산 및 AI 에이전트의 디지털 경제가 결합하면서 세계 경제 가치를 기하급수적으로 커지게 할 것이다.

이것은 또 다른 중요한 질문을 불러온다. 이토록 방대한 공간 웹을 어떻게 검색하고 탐색할 것인가?

공간 웹의 탐색

공간 웹 검색

우리가 알고 있는 검색은 스마트 안경이 보편화되면서 근본적으로 변화할 것이다. 오늘날 우리는 주로 텍스트를 통해 웹을 검색한다. 우리가 쿼리를 입력하면 구글은 웹에서 색인이 생성된 콘텐츠를 검색해 알고리즘 페이지 랭킹 모델을 기반으로 가장 관련성이 높은 페이지를 제공한다. 당신이 특정 위치에 있다면 자산이나 객체, 사용자를 검색할 수 없다. 구글에는 이러한 항목에 대한 색인이 없기 때문이다. 공간 웹에서는 우리가 검색하려는 **대상**과 검색하는 **방법**이 근본적으로 변화할 것이다.

공간 웹 검색 내에서 당신의 개별 AI는 객체와 소리 인식의 조합을 사용해 공간 계약을 확인하고 현재 검색 중인 위치에 무엇이 어떻게 있는지 알아낸다. 공간 검색은 당신의 음성 명령에 반응하고, 눈의 움직임, 제스처, 감정 및 신경 반응을 추적하며, 예전 취향을 필터링하고, 표시할 최적의 공간 콘텐츠 채널을 선택한다. 그리고 이 모든 것을 당신의 공간 브라우저에 입력한다. 이로써 당신이 생각하거나 원하는 것을 찾을 수 있으며, 정확히 당신이 원하는 장소와 시간에 사용할 수 있는 미묘한 차이가 있는 결과, 즉 당신에게 맞춤화된 결과를 제시한다.

도메인 이름이나 위치, 자산 또는 채널로도 검색할 수 있다. 예를 들어, "도시 거리를 보여줘"나 "레스토랑을 보여줘"라고 말하면 공간 브라우저나 애플리케이션이 검색을 수행해 주변의 관련 스마트 공간과 자산을 표시하고, 스마트 계약을 보거나, 상호 작용에 필요한 권한을 함께 로딩한다. 또한 스마트 공간에는 크롤링할 수 있는 채널, 키워드 및 임의의 텍스트를 포함해 자산 콘텐츠와 함께 저장된 기본 정보가 있다.

집에서 VR 헤드셋을 착용하고 소파에 앉아서 쇼핑을 할 수도 있다. "구두 좀 사러 가볼까?"라고 말하면 당신의 공간 브라우저는 기본 설정에서 풋로커Foot Locker에서 쇼핑하는 것을 알 수 있으므로, 기본적으로 당신을 풋로커 공간으로 데려갈 것이다. 아니면 집에서 AR 안경을 사용해 여러 매장에서 구두를 찾고 싶을 수도 있다. AR 안경을 사용하면 매장에서 당신의 사이즈와 선호하는 모양 및 색상 정보에 접근할 수 있으므로, 보안 지갑 플러그인을 통해 상품 구매 전에 간단히 구두 리스트를 위아래로 밀어 확인하고, 발에 투영해 신어볼 수 있다. 한 시간 이내에 실제 신발을 드론으로 받아볼 수 있으며 가상 신발은 친구와의 가상 농구 경기에서 즉시 착용할 수 있다.

실제 매장에서 공간 브라우저는 로컬 검색을 할 수 있을 만큼 스마트하고 사용 가능한 콘텐츠 메뉴를 표시한다. 공간은 사용자가 검색할 수 있는 모든 공간의 콘텐츠를 만들기 위한 완벽한 유연성을 지닌 자체 채널을 보유할 수 있다. 따라서 당신은 하이힐을 찾기 위해 매장 내부를 검색한 다음 검색 결과에서 한 켤레를 골라 자세히 확인한다거나 가상 매장을 돌아다니며 진열된 구두를 살펴볼 수 있다.

실제 식료품점에서 특정 제품을 찾으며 "커피는 어디에 있고 전에 샀던 커피를 보면 내가 어떤 유기농 공정 무역 로스팅 커피를 좋아할 거 같아?"라고 물어볼 수 있다. 브라우저는 식료품점의 스마트 공간에 한정된 채널 검색을 수행해 일치하는 제품을 찾고 AR 방향을 통해 올바른 통로와 선반으로 당신을 안내할 것이다.

콘텐츠는 공간 안에서 또는 사용자를 위해 전 세계적으로 채널별로 검색할 수 있다. 공간 웹에서 사용자는 해당 사용자의 트위터나 인스타그램, 페이스북, 블로그 또는 브이로그의 조합과 같은 마이크로 피드 기능을 하는 사용자 인벤토리 스마트 공간 채널에 콘텐츠나 자산을 추가할 수 있다. 다른 사용자는 해당 채널을 구독해 피드를 확인할 수 있다. '유저피드UserFeed' 채널을 활성화하면 모든 피드의 모든 콘텐츠를 태그로 검색할 수 있다.

공간 웹에서의 지각

공간 웹의 모든 것을 지각하는(보고, 듣고, 만지는 등) 능력은 주어진 자산이 존재하는 공간 도메인에서 정의한 권한에 따라 결정된다. 단순히 무엇인가를 검색할 수 있다고 해서 정보나 객체 또는 사람을 볼 수 있는 권한이 자동으로 부여되지는 않는다. 현재 자산이 존재하는 스마트 공간의 검색이 가능하다면 자산 자체는 당신의 사용자 권한에 따라 지각할 수 있는 권리가 있다는 데 동의해야 한다. 이외에도 지각은 사람, 기계 및 가상 센서와 햅틱을 조합해 무엇인가를 경험하거나 분석할 수 있으므로 개인의 특정 생물학적 감각이나 기계적 감각에 한정되지 않는다. 온도 및 습도를 측정하는 IoT 장치와 결합된 사람의 비전과 컴퓨터 비전 모두 특정 의료기기가 수술용으로 승인됐음을 확인하는 데 필요할 수 있다. 공간 웹에서 지각은 증강이나 수정, 공유 또는 크라우드 소싱될 수 있다.

공간 웹에서의 상호 작용

공간 웹에서의 상호 작용은 모든 공간에서 모든 사용자와 객체 또는 기타 사용자의 상호 작용을 결정하는 공간 계약으로 관리될 수 있다. 여기에는 자산 생성이나 터치, 이동, 라우팅, 회전, 크기 조정 등을 포함하되 이에 국한되지 않는 특정 유형의 상호 작용이 포함될 수 있다. 이 모든 것은 주어진 도메인 권한이 허용하는 권리에 의거한 규칙, 권리 및 거버넌스 계층으로 관리할 수 있다.

공간 웹에서의 거래

공간 웹에서의 거래는 공간 계약으로 설정된 모든 조건에 속하는 사람이나 자산 또는 공간 사이에 발생할 수 있다. 거래는 자동으로 발생하며, 조건은 가상화된 모든 형태의 지갑을 사용하는 허용되는 모든 통화로 둘 또는 그 이상의 당사자 간 거래를 시작하기 위해 공간 계약 안에서 사전 설정될 수 있다.

비트코인의 발명은 이메일의 발명과 비교돼왔다. 처음에 이메일은 오로지 컴퓨터 전문가만이 전 세계 인터넷에서 이메일 계정이 있는 사람과 즉시 통신하기 위해 사용했었다. 다른 사람은 개인용 컴퓨터가 널리 보급될 때까지 20여 년 동안 우편 시스템을 계속해서 이용했다.

비트코인은 이머니eMoney로 여겨질 수도 있다. 전 세계 네트워크를 통해 즉시 전송할 수 있지만, 기존 국가별 통화는 목적지에 도착하기까지 여러 중간 단계를 거쳐야 한다. 따라서 많은 시간과 비용이 소요된다.

지금은 모든 사람이 이메일, 문자 메시지, 화상 회의 및 기타 디지털 커뮤니케이션 도구를 사용한다. 우편으로 편지를 보내는 일은 드물다. 조만간 모든 사람이 다양한 형태의 디지털 머니를 사용할 것이다. 자국 통화를 사용하는 일은 거의 없을 것이다. 이는 차세대 디지털 상거래의 물결을 촉진할 것이며 인간의 상호 작용이 필요 없는 공간, 장치 및 객체 사이의 다양한 형태의 자동화 거래가 활성화할 것이다.

공간 웹에서의 이동

공간 웹에서 자산이나 사용자의 이동은 공간 도메인 사이에서 이뤄진다. 이것은 지리적 위치와 가상 위치의 모든 스마트 공간 간 디지털 자산을 '하이퍼포팅hyperporting'하거나 3차원 공간 내 여러 지점을 포함하는 경로를 따라 물리적 객체를 동적으로 라우팅하는 기능일 수 있다. 예를 들자면, 웹사이트 사이를 '이동'하듯이 모든 가상 세계가 동일한 우주의 일부인 듯 여러 가상 세계 사이를 쉽게 하이퍼포팅할 수 있다. 이와 마찬가지로, 물리적 세계에서 이뤄지는 A 지점과 B 지점 간 이동은 단순히 두 스마트 공간 간에 사용자를 라우팅하는 문제일 뿐이다. 오늘날 우편 배달이나 우버 차량이 실제 주소 간에 배송물과 사람을 라우팅하는 것과 매우 비슷하다. 또 스마트 공간은 가상 세계뿐만 아니라 물리적 세계에도 존재하기 때문에 VR을 사용해 전 세계의 여러 주체가 공동으로 디자인한 일종의 BMW 콘셉트 차량 중 하나를 상상해볼 수 있다. 디자인이 완료되면 가상 자동차를 런던의 상영실로 순간 이동시켜 관객이 AR로 이를 볼 수 있다. 우리는 이것을 크로스 리얼리티 트랜스포테이션cross-reality transportation이라고 부른다.

공간 웹에서의 시간

공간 웹에서 당신은 보고 싶은 날짜와 시간의 지점 또는 범위를 정할 수 있다. 특정 위치에 있을 때(물리적이거나 가상으로), 타임라인을 '스크러빙' 해 시간을 거슬러 올라가 주어진 시간에서 역사적 재현을 포함한 공간의 콘텐츠나 주어진 장소의 정보를 볼 수 있다(데이터를 사용할 수 있고 접근 권한이 있는 경우). 반대로, 나중에 보거나 향후 프로젝트의 타임라인을 볼 때 사용할 객체를 배치할 수도 있다.

공간 웹에서의 채널

AR과 VR의 가장 중요한 과제 중 하나가 바로 주어진 카테고리에서 주어진 공간의 이용 가능한 콘텐츠나 허용된 활동을 관리하고 필터링하는 것이다. 수천 개의 콘텐츠 소스와 광고가 존재하는 필터링되지 않은 AR 타임스 스퀘어 경험을 상상해보라. 그것은 진정 난감한 경험일 것이다. 사용자가 그들이 보고 싶은 콘텐츠를 선택할 수 있는 콘텐츠 '채널'을 활성화하면 개인화된 AI가 사용자의 권한과 선호도에 맞춰 콘텐츠와 활동을 필터링할 수 있다. 예를 들어, 사용자가 옐프의 타임스 스퀘어 레스토랑

리뷰나 친구의 인스타그램 사진, AR 게임의 가상 객체 또는 지역 콘텐츠에만 관심이 있을 수 있다. 이와 함께 사용자는 자신의 개인 채널을 만들어서 개인적 용도로 사용하거나 공유할 목적으로 자신의 콘텐츠를 배치할 수 있다.

AR이나 VR 세계에 몰입할 때 사람의 행동 양식은 스마트폰과 데스크톱 인터페이스를 사용하는 방식과 확연하게 다르다. 현재 스마트폰을 사용할 때 사람들은 인스타그램에 하나의 사진을 포스팅하고, 하나의 SMS를 전송하거나 전화 한 통을 걸듯, 일반적으로 한 번에 하나씩 특정 기능의 개별 응용 프로그램에 들어간다.

AR이나 VR에서 그 장치는 여러 콘텐츠가 서로 겹칠 수 있는 세계로 들어가는 창일 뿐이다. 현실 그 자체가 실제 경험인 동시에 상호 작용을 위한 인터페이스가 된다. 예를 들어, 친구에게서 받은 메시지, 가장 좋아하는 아티스트의 앨범, 작업 지침 등을 모든 필터나 쿼리에 의해 한꺼번에 볼 수 있다. 브라우저의 탭과 비슷하다.

이러한 새로운 디지털 콘텐츠와 데이터의 가치가 커지면서 그 양도 기하급수적으로 증가할 것이다. 특히 도심과 산업 지역, 교통 허브 같이 교통량이 많고 복잡한 곳에서 말이다. 디지털 세계에서 사람들이 매끄럽고 자연스럽게 상호 작용하기 위해 관련 콘텐츠는 적합한 목적과 적절한 상황에서 적시에 제공돼야 한다. 이러한 콘텐츠를 관리하고 필터링 및 보호하는 것은 공간 웹의 가장 큰 과제 중 하나다. 우리는 우리가 **채널**이라 부르는 것으로 이 문제를 해결한다.

채널은 특정 소스나 조직의 전 세계적 콘텐츠 또는 상호 작용이다. 예를 들어 페이스북과 인스타그램, 스냅챗은 모두 동시에 볼 수 있는 전 세계 채널을 보유하고 있다. 사용자는 발행 시간을 기준으로 만들어진 피드의 게시물 목록이 아니라 발행된 위치를 기준으로 게시된 콘텐츠를 볼 수 있다. 모든 사람, 기관이나 자치단체도 콘텐츠를 세상에 게시할 수 있으므로, 기술적으로 잠재적인 채널의 수는 무제한이라 할 수 있다. 채널에 접근할 수 있는 권한은 누가 보고 상호 작용하고 게시하고 편집할 수 있는지에 대한 조건을 설정하는 게시자에게 달려있다. 웹 브라우저와 마찬가지로 채널에는 참여를 활성화하는 플러그인이 제공돼 플랫폼이 자연스럽게 진화하고 발전하도록 도울 수 있다.

사용자가 공간에 들어서면, AR 또는 VR 브라우저는 사용 가능한 모든 채널을 검색한 다음, 해당 사용자의 기본 설정, 권한, 보고 싶어 하는 내용에 대한 개인 정보 설정을 기반으로 올바른 채널에서 관련 콘텐츠를 동시에 렌더링한다. 예를 들어, 사용자가 '친구의 소셜 게시물만 표시' 또는 '오전 9시~오후 5시나 내가 일하는 동안에는 업무 관련 콘텐츠만 표시'를 지정할 수 있다.

시간이 지나면서 채널 수가 증가함에 따라 콘텐츠의 필터링은 더욱 중요해질 것이다. 2040년의 타임스 스퀘어로 걸어 들어가는 것을 상상해보라. 수년간의 게시물과 콘텐츠는 한 번에 모두 볼 수도 없고 설령 한 번에 보더라도 어마어마한 양이다. 시간이 흐를수록 사용 가능한 콘텐츠의 양이 증가하면서 수동으로 기본 설정을 관리하는 것이 더욱 어려워지고 관련 정보가 누락될 수도 있다. 개별 AI 에이전트는 이를 쉽게 관리하고 사용자가 어떠한 종류의 정보와 콘텐츠를 좋아하는지 학습하면서 사용자의 경험을 맞춤화할 수 있다. 특히나 중요한 부분은 개별 AI 에이전트가 그 어떤 개인 정보도 다른 사람과 공유할 필요가 없는 방식으로 데이터를 처리하는 점이다.

개별 AI 에이전트 시장이 성장함에 따라, 각기 사용자에게 완벽한 맞춤형 경험을 제공할 것을 약속하면서 사용자는 기분이나 상황에 맞춰 AI 어시스턴트를 자주 조정하거나 교체할 수도 있다. 이러한 AI가 더욱 발전하면서, 큐레이트된 AI는 잡지나 케이블 채널, 사고 리더, 유행, 테이스트메이커tastemaker 등이 만든 완전히 새로운 유형의 미디어를 제공할 것이다. 「바이스 매거진Vice Magazine」, 히스토리 채널The History Channel, 말콤 글래드웰Malcolm Gladwell이 동시에 실행되는 AI를 큐레이팅해 완전히 새롭고 몰입도 높은 방식으로 학습하고 공유 및 표현한다. 도쿄를 걸어가는 동안, 당신은 말콤 글래드웰의 사회적 논평을 들으며 17세기 역사적 일본 렌즈로 그 세계를 바라보고, 모호한 반스키Bansky 작품을 지적할 수 있다.

공간 도메인 관리는 소유주가 자신의 위치에 콘텐츠를 게시할 수 있는 경우와 임대료를 적용할 수 있는 항목을 선택하게 함으로써 기업과 사유재산이 미래 광고주의 가상 광고판이 되는 것을 방지한다.

일부 소셜 채널은 그렇지 않을 경우 영구적인 공간 콘텐츠를 '잘라내는' 새로운 방법을 찾을 수도 있다. 예를 들어, 미래 공간 웹의 스냅챗을 상상해보자. 채널은 창의적인 콘텐츠와 귀여운 AR 생명체로 빠르게 채워질 것이다. 일시적이지만 보는 사람이 좋아할 수 있는 콘텐츠를 만들고 지나가는 사람들의 '좋아요'를 받는 콘텐츠는 추가 생명을 얻는다. 충분한 사람들이 좋아하면 불멸이 될 수도 있다. 반면에 덜 좋아하는 작품은 사라지고 게시자와 친한 친구에게만 표시된다.

이렇게 풍부하고 몰입적인 세상이 모든 상황과 환경에서 이상적이지는 않다. 직장 같은 일부 장소는 업무 관련 콘텐츠만 표시할 수 있는 '디지털 위생' 환경이 되거나, 학교에서 수업 중 상업 게임을 허용하지 않을 수도 있다. 또한 당신이 누구인가에 따라 특정 채널이 제공될 수도 있고, 제공되지 않을 수도 있다. 예를 들어, 의사는 의대생이 접근할 수 없는 채널 정보에 접근할 수 있는 반면, 건물 유지 보수 직원은 전용 채널을 가질 수도 있다. 이러한 제한 조건은 관련 기관에서 설정한다.

채널이 반드시 전 세계적으로 존재할 필요는 없다. 종종 특정 도메인에서만 유용한 채널이 있다. 예를 들어, 레스토랑은 사업장 안에서만 콘텐츠를 제공할 수 있고, 병원은 건물 안에서 민감한 정보만 게시할 수 있다. 특정 도메인은 사람들에게 특정 채널을 보려면 자신의 공간으로 들어가

라고 요구하기도 한다. 예를 들어, 공항에 들어갈 때 사용자가 공개 메시지를 보도록 강요하거나, 레스토랑에서 메뉴 채널을 자동으로 제공할 수 있다. 또는 병원에서 옵트 아웃 옵션 없이 환자가 병원 채널을 보도록 강요할 수도 있다.

이 새로운 가상 콘텐츠, 채널과 공간 권한의 세계를 통해 남용하고 사람들의 권리를 침해할 가능성은 의심의 여지가 없다. 공간 웹 아키텍처는 이러한 투쟁을 지원하도록 설계됐다.

공간 웹의 보안

스마트 공간은 부분적인 보안 기능이 내재된 고유한 발명품이다. 웹 3.0이 보안, 개인 정보 보호 및 검증 가능성 등 많은 새로운 과제를 보여주기 때문에 새로운 혁신이 필요하다. 공간 인덱스는 다양한 보안 메커니즘을 사용해 자산의 사용, 양도, 공간 간 상호 작용과 콘텐츠를 통제하고 조절한다. 공간 도메인은 분산 원장에 등록돼 다단계 인증 및 유효성 검사를 사용한다. 공간 브라우저를 통한 모든 상호 작용은 자기 주권 신원 증명Self Sovereign Identity 원장 및 다중 요소 생체 인식으로 뒷받침되는 여러 계층의 암호화를 사용한다. 모든 스마트 공간은 기본적으로 자체 채널이 있다. 콘텐츠 및 자산을 보안 채널에 등록하면 시스템으로 이를 감지할 수 있는 사용자와 공간 브라우저를 제어할 수 있다.

공간 웹을 통한 모든 거래는 암호화된 프로토콜을 통해 발생하며, 민감한 데이터는 개인 원장에 저장되거나 공공 장부에 암호화될 수 있다. 공간 계약은 공간 및 자산에 대한 추가적 보안을 허용해 공간 전체 또는 개별 자산에 대한 거래 시기, 방법 및 대상을 제어한다.

탈중앙화된 디지털 신원의 특성은 공간 사용자를 데이터 마이닝으로부터 자동으로 보호해 공간 내 활동의 외부와 다른 모든 활동 간의 상관 관계를 방지한다.

공간 브라우저

공간 브라우저는 공간 웹의 범용 창이다. 브라우저 확장처럼 공간 어플리케이션을 설치할 수 있다. 공간 계약에서 설정된 권한에 따라 사용자가 공간에 들어가면 자체 설치와 자체 실행이 가능하다. 개발자는 VR이나 AR 지원 운영 체제에서 사용하기 위한 자체 독립 공간 어플리케이션을 설계할 수 있지만, 공간 브라우저는 3D 및 2D 객체, 환경 및 애니메이션을 모두 표시하는 공간 웹의 기본 인터페이스가 될 것이다. '채널'을 사용해 무한 보기를 표시할 수 있지만, AI에 의해 필터링되고 허용돼 그룹에서 공유되거나 각 개인에 맞게 개인화할 수 있다. 개발자의 규모와 상관없이, 공간 웹의 모든 애플리케이션이나 서비스 제공 업체가 전 세계에서 동시에 오버레이되는 브라우저 탭과 같은 기능을 하게 만드는 디지털 추적 용지로써 채널을 생각하라.

공간 브라우저는 기본 공개 데이터 채널이 있으며, 지도와 길 찾기에서 주차 공간 정보, 상점이나 레스토랑 이름과 지역 이벤트에 이르기까지 지역 거리와 비즈니스 데이터를 자동으로 렌더링한다. 사용자 지정 플러그인을 추가하면 모든 종류의 사용자 지정 스킨, 필터, 오디오, 제스처, 음성 및 사고 기반 상호 작용이 가능하다.

공간 브라우저는 누구나 구축하고 확장할 수 있는 오픈소스 프로젝트로 출시될 예정이다. 공간 프로토콜 사양은 오늘날 다양한 웹 브라우저가 모두 동일한 기본 웹 프로토콜 및 프로그래밍 표준을 공유하는 것과 마찬가지로 모든 공간 브라우저에서 채택 가능한 보편적 표준으로 설계됐다. 글로벌 개발자 커뮤니티 및 표준 기관은 개인 정보 보호, 보안, 상호 운용성 및 디지털 결제에 필요한 표준에 특히 무게를 두고 모든 공간 브라우저 구현을 위한 표준 개발에 힘써야 한다.

5장

위험 그리고 위협

"혼자서 할 수 있는 일은 거의 없습니다.
함께라면 많은 것을 할 수 있습니다."

— **헬렌 켈러**(Helen Keler)

공간 웹의 위협요인

모두에게 개방됐으며 무수한 네트워크를 하나의 글로벌 네트워크로 완전히 통합한 공간 웹은 이상적일 것이다. 그러나 그 비전을 실현하려면 넘어야 할 난관이 많다.

이 책이 공간 웹이 진화하는 기술의 영향이기에 필연적으로 나타나는 이유를 강력히 주장하고 있지만 솔직히 무척 불확실하다. 오히려 엔지니어, 제작자, 사고 리더thought leader, 비영리 단체, 표준 단체 및 정부의 엄청난 양의 대화, 개발 그리고 헌신이 필요할 것이다. 공간 웹 표준의 인식과 찬성 그리고 채택 형성을 지원하기 위해 저자인 우리와 동료들은 개방적이고 무료이며 안전한 공간 웹에 필요한 프로토콜 및 사양을 제공하는 비영리단체인 버세스Verses 재단을 설립했다.

기업의 이해관계

공간 웹의 실현에는 많은 위협 요인이 존재한다. 애플, 구글, 페이스북, 삼성, 바이두 등 강력한 거대 기업은 AR, VR, IoT 및 AI와 같은 신규 기술 부문에서도 계속해서 폐쇄된 하드웨어 및 소프트웨어 에코시스템을 유지해야 한다고 믿는다. 또한 이들이 상호 운용 가능한 개방형 표준 채택을 꺼린다면, 새로운 개방형 표준 채택을 늦출 것이다. 그들은 이익을 볼 수 없다는 이유로, 또는 회사의 이윤을 위협할 수 있다는 두려움 때문에,

또는 단순히 그러한 생각이나 구현 방식에 관심이 없어서, 이러한 태도를 보일 수도 있다. 이는 상호 운영이 불가능한 분열된 공간 웹을 초래한다. 이런 경우, 많은 사용자가 개방형 공간 웹에 참여할 수 없게 된다.

이보다 더 나쁜 일은, 공급자마다 공간 프로토콜 및 공간 브라우저의 자체 버전을 생성해 그만의 분리된 공간 웹을 만들고자 한다는 것이다. 그렇게 되면 사용자는 어쩔 수 없이 그들 사이에서 선택해야만 한다. 이들 중 어느 하나라도 경쟁자가 채택할 자체 독점적 상용 표준을 개발할 가능성이 사실상 제로(0)이기 때문이다.

폐쇄형 네트워크 서비스(walled garden)의 실패한 과거

개방형 서비스에 담장을 쌓으려는 시도는 과거에도 있었으며, 대체로 이와 관련된 모든 결과가 좋지 않았다. '담장이 쳐진 정원walled garden', 즉 폐쇄형 네트워크 서비스는 사용자가 외부 소스의 콘텐츠나 애플리케이션에 접근하는 것을 제한하거나 어렵게 만든다. 표준 TV 및 라디오는 TV나 라디오를 가진 사람이라면 누구나 접근할 수 있도록 개방돼 있다. 케이블 TV와 위성 라디오는 담장이 쳐진 정원이므로 사용자가 채널과 프로그램을 이용하려면 구독 신청을 해야 한다. 월드 와이드 웹 초기에 아메리카 온라인AOL, America Online, 프로디지Prodigy, 컴퓨서브CompuServe 같은 기업이 폐쇄적이며 선별된 기능의 웹 버전을 제공했다. 이들은 유료 가입자에게만 제휴 파트너의 웹사이트를 제공했다. 이러한 회사들은 초기 웹 수용을 주도했지만, 결국 사용자들이 담장을 올라가 개방형 웹으로 나아가도록 만들었다.

음악 산업은 담장이 쳐진 정원과 폐쇄된 시스템의 장기적 영향을 경고하는 이야기로 경각심을 불러일으킨다. 2000년에, 전 세계 음악 수입은 연간 약 500억 달러로 정점을 찍었다. 이는 1980년대와 1990년대에 음악의 디지털화와 CDcompact disc의 도입 및 성장 덕분이었다. 2000년, 냅스터

Napster가 등장하면서, 인터넷에 연결돼 있으며 저작권법에 거의 무감각한 사람이라면 누구나 무제한으로 음악을 무료 다운로드할 수 있게 됐다. 겁먹은 음반사들은 관련자 모두를 고소했고, 불법 복제를 막기 위해 의회에 로비를 벌였다. 마침내 애플은 애플의 폐쇄형 에코시스템과 애플의 아이팟^{iPod} 음악 플레이어에서 독점적 오디오 포맷으로 제한된 디지털 저작권 관리^{DRM, Digital Right Management}라는 보안 프로토콜로 보호되는 99센트 노래 타입으로 솔루션을 제시했다.

DRM이 시행된 2004년과 2009년 사이, 미국의 음악 산업 수익은 거의 절반으로 뚝 떨어졌다. 시장 조사 회사인 NPD는 2019년 미국 내 음악 콘텐츠 이용자 중 이용료를 낸 이용자는 전체의 37%에 머물고 있다고 밝혔다. 이 기간 불법 복제가 실제로 증가했다. 결국, 음반사들은 어쩔 수 없이 콘텐츠를 공개하고 개방형 오디오 포맷을 택하게 된다.

결과적으로, 음악 스트리밍 시대가 음악 산업에 또 다른 포맷 변화를 가져오고 새로운 길을 가도록 만들 것이었기 때문에 이는 사실상 문제가 되지 않았다. 스포티파이^{Spotify}, 애플뮤직^{Apple Music}, 타이달^{Tidal}, 디저^{Deezer} 같은 음악 스트리밍 애그리게이터는 사용자가 유료 구독을 통해 접근할 수 있는 거의 모든 음악에 라이선스가 있다. 적어도 음악의 경우, 이러한 서비스 대부분은 유사한 음악 카탈로그를 갖고, 차별화 요소로서 다양한 필터와 개인화 기능으로 경쟁해 사용자가 이들 사이에서 선택할 수 있다. 이는 적어도 사용자와 광범위한 음악 카탈로그에 접근하고자 하는 사용자의 욕구를 존중하는 업계의 정직한 접근 방식이다. 드물게 특정 아티스트가 자신의 음악을 정치적이나 금전적 목적에 더 일치하는 단일 서비스로 제한하는 경우, 거센 역풍에 결국 항복하고 나머지 서비스에 전부 제공하기도 했다.

국제 음반 연맹^{IFPI, International Federation of the Phonographic Industry}의 2018년 글로벌 뮤직 리포트에 따르면, 음악 산업의 가장 큰 아이러니는 바로 지난 10

년 동안 가장 큰 음악 스트리밍 서비스가 다른 나머지 음악 서비스의 두 배가 넘는 청취량을 기록했다는 것인데, 그 서비스가 바로 동영상 스트리밍 서비스…유튜브^{YouTube}다. 광고가 있는 동영상 서비스를 통하더라도 개방적이고 제한 없는 접근이야말로 콘텐츠별 서비스보다 사용자가 선호하는 방식이다. 어떤 이들은 오늘날 사용자의 콘텐츠, 모드 및 장치가 여럿이고 다양하기 때문에 그럴지도 모른다는 의문이 들 것이다. 사용자 입장에서는 다른 앱을 여는 것보다 유튜브 동영상과 음악을 원활하게 전환하는 것이 더 낫다. 게다가 유튜브 링크는 표준 웹 URL이기 때문에 모두에게 적합한 범용 공유 형식이다. 음악 산업은 여전히 노래 파일의 공유를 무척이나 어렵게 만든다. 생각해보자. 앱에서의 노래 링크 수와 비교하면 그동안 얼마나 많은 유튜브 링크를 공유했었던가? 담장이 쳐진 정원은 네트워크 효과에 부딪히면 부서져 내린다.

넷플릭스^{Netflix}, 훌루^{Hulu}, HBO Go, 아마존 프라임^{Amazon Prime} 등 오늘날 유료 동영상 스트리밍 앱 역시 그들만의 오리지널 콘텐츠를 자체 앱으로 제한하는 담장이 쳐진 정원이다. 이로써 온디맨드 동영상 스트리밍 시장이 더욱 분열됐다. 2018년 디즈니는 다른 곳에서 제공하던 디즈니 콘텐츠를 가져와 오직 디즈니 플러스^{Disney Plus} 구독 앱을 통해서만 독점적으로 제공할 계획을 발표했다. 인터넷을 통해 프리미엄 영화와 TV 프로그램을 볼 수 있는 새로운 개방형 포맷으로써 시작된 것이 소비자 선택은 물론, 사용자가 원하는 콘텐츠에 접근할 다양한 앱과 서비스를 제한하는 분리된 각각의 섬으로 빠르게 변해버렸다. 기업은 스스로 적합하다고 여기는 방식으로 자신의 콘텐츠 라이선스를 가지며 수익을 창출할 권리가 있긴 하지만, 왜 결국에는 소비자가 앙갚음하고 담장을 올라가는지 쉽게 알 수 있다.

IOS 및 안드로이드 개발 환경과 앱스토어 역시 비슷한 유형이다. 이러한 개별 플랫폼이 가장 많은 사용자를 확보하고자 한다면 개발자가 두 가지 버전의 앱을 구축하고 유지해야 한다. 이는 사소한 문제가 아니기에 소규모 개발자는 관리할 수 없는 추가적인 개발 비용을 부담한다. 이것은 혁신에 사기 저하를 불러오며 사용자의 선택은 비용을 감당할 수 있는 대규모의 개발자에 한정된다. 그리고 새로운 운영 체제에서 앱을 찾고, 다운로드하고, 로그인하는 과정은 극도로 실망스러운 경험인 만큼, 소비자가 기기를 전환할 때마다 악몽이 반복될 것이다. 그러나 이것은 웹 2.0의 문제다. 웹 3.0 시대에서 담장이 쳐진 정원인 폐쇄형 네트워크 서비스는 AR이나 스마트 안경의 등장과 함께 개방형 공간 웹에 크나큰 위협이 된다.

비 상호 운용적 세계

여러 면에서, 미래의 스마트 도시를 위한 실질적 요건은 공간 웹의 필요성을 강조하고 보여줄 수 있는 이상적 쇼케이스가 된다.

10년 후 쇼핑가를 찾아가거나 당신의 도시에서 그러고 있다고 상상해보라. 당신은 아마존 스마트 안경인 프라임렌즈PrimeLens를 착용하고 있다. 당신이 바라보는 어디에서든 아마존 공간 웹의 일부인 파트너와 애플리케이션의 콘텐츠와 홀로그램을 볼 수 있다. 아마존의 홀 푸드Whole Foods에 들어가면 당신의 안경이 신원을 확인하고 해당 위치에 '체크인'한다. 특별 할인을 비롯한 개별 맞춤화 광고가 표시된다. 필요한 식료품 목록이 나타나고 각각의 품목을 향한 화살표를 따라가기만 하면 된다. 원하는 품목을 집어 들고 매장을 나서면 자동으로 비용이 청구된다. 그렇지만 바로 옆에 있는 애플의 파트너 풋로커FootLocker 매장에 들어서려면, 애플의 아이글라스iGlass로 그들의 공간 콘텐츠와 특별 행사에 접근하고, 자동 체크아웃할 수 있다.

여기 또 다른 예가 있다. 아내를 위해 메이시스Macy's 백화점에서 쇼핑 중인 남편은 아내의 신체 사이즈 디지털 아바타에 접근할 수가 없다. 그가 일할 때 마이크로소프트의 홀로렌즈Hololens를 사용하기 때문이다. 먼저 메이시 위치에 체크인하지 않으면, 아내는 자신의 아바타를 남편에게 전송해줄 수가 없다. 이러한 '나쁜 쇼핑몰'의 경험을 넘어, 모든 시민을 위해 제작된 스마트 도시 콘텐츠에 대체 어떻게 접근할 수 있을까? 도로 표지판, 주차 장소 및 기타 도시 정보와 같은 시립 콘텐츠는 어떻게 제대로 운영될까? 이 역시 도시나 기업의 사일로에 갇힐 것인가? 합의된 표준이 없는 상태에서는, 시민에게 사용의 혼란을 일으키며 스마트 도시 직원과 근로자에게 행정적으로 끔찍한 악몽을 초래할 것이다.

이보다 더 심각한 문제는 과연 어떻게 여러 사람이 직장, 집, 공원에서 동일한 콘텐츠를 보고 또 상호 작용할 수 있는가? 회사는 모든 직원을 하나의 장치로 표준화해야 하는가? 전통적 건축물의 역사를 알려면, 가족과 거실에서 사격 게임을 하려면, 공원에서 가상 캐릭터를 쫓아 수집하려면 모두가 반드시 동일한 앱을 다운로드해야 하는가?

스마트 안경, 스마트 차량, 스마트 상점 등 소위 '스마트 사물'이 하나도 없다면, 미래의 스마트 도시가 도대체 어떻게 운영된다는 것인가? 그런 도시를 스마트하다고 할 수 있는가?

공간 콘텐츠, 중앙 집중식 데이터 저장 및 독점 결제 시스템의 조합이 미래 스마트 도시에 비실용적일 뿐만 아니라, 어디를 가더라도 모든 사람에게 얼마나 문제가 될지 여러분은 알 수 있다.

혼자서 화면을 응시하는 개별 사용자를 위한 담장이 쳐진 정원을 만들 수 있다. 하지만 세계를 격리할 수는 없다. 당신이 폐쇄형 '공간 웹'을 만드는 데 성공할 수 없듯, 25년 전 AOL도 폐쇄형 웹을 만드는 데 실패했다. 웹은 '전 세계적world wide'이어야만 했다. 이러한 사일로를 가질 필요가 없다. 공간 웹에는 충분한 공간이 있기 때문이다.

월드 와이드 웹의 개방형 사양과 표준으로 많은 웹 2.0 기업의 시가 총액이 1조 달러에 도달했다. 안드로이드 및 IOS는 리눅스Linux의 오픈소스 수혜로 만들어졌다. 웹 3.0이라면 기업은 핵심 공간 프로토콜이나 커널의 수준에서 경쟁할 필요가 없다. 그들 모두 공간 웹에서 자유롭게 애플리케이션을 개발할 수 있다. 대기업이 할 수 있는 가장 최선은 개방형 공간 웹 표준과 우리 모두를 연결할 수 있도록 설계된 공간 프로토콜의 지원이다. 그러면 모두가 함께 네트워크 효과의 혜택을 누리며 더욱 승승장구할 수 있다.

정부 관료주의

공간 웹의 또 다른 위협은 개인 정보 보호 권리, 재산권 및 디지털 화폐에 필요한 법적 제도 등의 발전을 바라보는 정부의 혼란이나 반대, 무관심한 태도다. 공간 웹의 효과적 도입과 구현에 필요한 전폭적 지원을 받기 위해 정부 및 공공 부문과의 관계가 공고하며 교육 과정을 도울 수 있는 배경을 지닌 기술에 정통한 직접적 관계자가 필요하다. 이것은 공간 웹이 제기하는 법적·규제적 영향과 AR 콘텐츠와 대대적인 채택에서 비롯된 개인, 공공 및 지적 재산의 사용으로 재산권의 정의를 업데이트할 필요성을 고려한다면 특히 그렇다.

덧붙이자면, 공간 웹이 세계 경제를 혁신하고 부를 강화하는 경제 엔진으로서의 임무를 수행하는 능력은 혁신을 장려하고 사용자를 보호하는 디지털 화폐 및 디지털 자산의 상식적 규정의 실현으로 좌우될 것이다.

마찰 없이 원활한 P2P 글로벌 경제의 효과적 구현은 인간과 기계, 그리고 가상 경제를 통합해 지구상의 모든 사람이 공정한 경제적 이익을 실현할 수 있는 수준의 발전을 가져올 것이다.

이것은 공간 웹을 향한 잠재적 위협과 위험이 우리가 힘을 합치는 것을 막게 놔둘 수 없을 만큼 너무나도 좋은 커다란 기회다. 우리의 모든 의지와 힘을 모아 이를 실현해야 한다.

6장

/

영향 및 결과

"모든 인간사에는 노력과 결과가 있기 마련이며
노력의 정도에 따라 결과가 결정된다."

— **제임스 앨런**(James Allen)[1]

공간 웹에서 스마트 월드로

공간 웹에는 무한한 애플리케이션이 있다. 이는 근본적으로 수백만 개의 애플리케이션이 스마트 안경과 자동차, 공장 및 도시와 스마트 결제, 계약, 자산, 신원 및 공간 등 모든 '스마트 사물smart things'을 함께 작동할 수 있도록 한 결과물이다. 따라서 모두 다 같이 네트워크로 연결된 스마트 공간Smart Space이 곧 공간 웹이 미친 영향의 가장 큰 결과임을 짐작할 수 있다. 인간 역사상 처음으로 스마트하게 그리고 상호 연결된 전 지구적 문명, 이게 바로 **스마트 월드**Smart World다.

스마트 월드의 서광

스마트 월드는 물리적 도메인과 가상적 도메인 두 가지 모두에서 사람, 장소 또는 사물의 자주적 디지털 신원, 범용적 신원 및 주소가 존재하는 세계다. 스마트 결제와 스마트 자산은 스마트 도시로 통합된다. 모든 스마트 안경과 기타 새로운 인터페이스가 모든 브랜드를 초월해 작동하는 공간 브라우저Spatial Browser로 모든 사람은 실제 세계와 가상 세계를 넘나들며 위치 기반 스마트 정보 및 객체에 접근할 수 있다. 그리고 마침내, 스마트 공간 간 자산 및 사용자의 상호 작용, 거래와 운송을 위한 동적 규칙을 자동으로 실행하도록 허용하며 우리를 둘러싼 모든 것에 스며든 거대한 공간 계약Spatial Contract의 바다가 스마트 월드를 지배한다.

도시는 길, 차량, 에너지 및 폐기물 관리, 자원 시스템, 계획, 법률 및 관료 체계 등으로 가득 넘치는 바쁜 장소다. 스마트 월드에서 도시는 차량과 에너지, 물, 폐기물, 자원, 상품, 정보, 거래, 사람 등의 흐름을 추적하고 모니터링하며 최적화할 것이다. 도시는 이에 따라 역동적으로 사용을 최적화하며 조정한다. 지역과 관련된 도시 정보는 실시간으로 표시되고 업데이트된다. 시민들이 의사 결정 과정에 참여할 수 있도록 설계된 시스템은 정부와 의사 결정에 혁신을 일으킬 것이다. 스마트 월드는 이렇게 세상의 모든 도시 인프라를 호환되고 상호 운용되도록 만드는데, 그 이유는 스마트 도시Smart City가 스마트 공간의 한 형태이기 때문이다. 그리고 스마트 공간의 형태는 무수히 많다.

스마트 공장Smart Factory은 스마트 공간의 또 다른 형태다. 현대적 공장은 무수히 많은 제품 생산에 가동되는 매우 복잡한 기계를 구성하는 수백만 개의 다양한 요소와 제조 공정을 보유하고 있다. 이렇듯 현대화된 공장은 무척이나 복잡한 시스템으로 이뤄진다. 그러나 스마트 공장의 모든 부품과 로봇, 장치 및 제품은 스마트 자산Smart Asset이 된다. 모든 원자재와 기계, 제품은 공간과 시간에 따라 추적된다. 스마트 자산은 품목별 스마트 트윈Smart Twin이 있으며, 블록체인으로 보안된 유지 관리 이력의 기록을 보유한다. 그리고 이 모든 정보는 AR 및 컴퓨터 비전Computer Vision2이 모두 함께 작용함으로써 스마트 자산에 공간적으로 부착돼 추적된다. 공장이 스마트 공간이 된다면, 생산되는 모든 제품 그리고 인간과 로봇의 모든 활동을 관리, 기록 및 인증할 수 있는 규칙을 설정할 수 있다. AI와 스마트 계약을 효율적으로 사용해, 공장의 용이성, 능률성 및 효율성을 최대한 끌어올리기 위한 운영 요구 사항을 분석하고 실행할 수 있다. 이러한 기능은 스마트 팜Smart Farm이나 스마트 마인Smart Mine, 스마트 상점Smart Store, 스마트 홈Smart Home 또는 스마트 도시Smart city에 동일하게 적용될 수

있다.

스마트 도시와 스마트 월드는 거래에 디지털 지갑을 사용한다. 디지털로 변모한 새로운 환경에서는 모든 것이 지갑을 보유하게 된다. 사람뿐만 아니라 객체 및 공간 또한 지갑이 있다. 이로써 무엇이든 다른 무엇과 거래할 수 있다. 예를 들어, 스마트 자산인 자율 주행 자동차가 스마트 공간인 주차 빌딩으로 들어가면, 건물 권리자가 설정한 권한에 따라 자동차와 건물 간 결제가 자동으로 이뤄진다.

스마트 운송

더 나아가, 이러한 종류의 공간 상거래Spatial Commerce가 글로벌 통합 스마트 공급망의 기반을 형성한다는 것을 쉽게 알 수 있다. 스마트 결제, 사용자, 공간 및 자산의 인증을 사용하고 모든 것의 상호 작용 및 거래를 추적하며 서로 연결된 스마트 공간에서는 글로벌 공급망이 가능해진다.

글로벌 공급망이 어떻게 가능할까? 먼저, 스마트 공간은 원자재를 모아서 이를 스마트 공간 제조 공장으로 운송할 권한을 부여해 원자재를 제품으로 만든다. 제품은 제품 고유의 스마트 자산 ID를 할당받으며 공간 계약의 규칙에 따른다. 제품은 감사가 필요한 경우 발생했던 모든 일이 기록된 채, 생산 현장에서 운송 현장으로, 창고에서 상점으로 이동되듯 A 지점에서 B 지점, 또 C 지점으로 이동될 수 있다. 모든 지불 및 소유권 이전은 전부 자동화되며 기록된다. 그리고 소비자는 제품이 특정 브랜드 약속(공정 무역, 탄소 중립, 지속 가능한 생산 등)을 이행하는지를 확인해 알 수 있다.

또한 스마트 월드는 사용자 및 객체가 서로 이동할 수 있는 연결된 공간을 활성화한다. 웹 페이지 대신, 모든 공간은 웹 공간이 되며 페이지 간 이동 대신, 가상 공간 간 이동이 가능하다. 예를 들어, 당신이 스마트 (트윈) 프로필에 결투 이력이 기록된 스마트 자산인 마법 검을 구매한 판타지 세계에 있다고 상상해보자. 이제 당신은 수많은 아바타 중 하나의 모습을 한 당신 자신과 검을 다른 사용자와 라이트 세이버로 결투를 벌이는 미래 세상으로 텔레포트한다. 결투에서 이긴다면, 당신은 실제로 승리한 이력을 마법 검 자체에 기록할 수 있으며, 그 검을 깜짝 생일 선물로 준비해 당신 조카의 침실로 텔레포트(공간 권한 허용 시)할 수 있다. 이것은 가상 세계와 현실 세계 사이에서 자산, 사람 및 통화의 이동을 허용하는 데이터, 객체 및 사용자 이동성을 보여주는 하나의 예일 뿐이다. 이를 또 다른 방식으로 말한다면, 증강 현실AR과 가상 현실VR 간에 끊어짐이 없는 일치성을 만들어냈으며, 이는 저마다 바쁘게 만들어 가는 스마트 월드의 필수적 기능이라는 것이다. 우리가 인지하든 못하든 간에 말이다.

스마트 에콜로지

공간 웹은 인류의 지속 가능한 발전을 돕고 임팩트 투자[3]의 새롭고 강력한 체계를 마련할 것이다. 산업 경제는 많은 이점을 준 만큼 지속 불가능한 사회적·경제적 문제를 만들어냈다. 공간 웹은 이러한 변하지 않을 까다로운 문제를 여태껏 발명된 어떤 기술보다 잘 해결할 수 있도록 돕는다. 아인슈타인Einstein이 다음과 같이 말했듯이 말이다. "문제를 발생시켰을 때와 똑같은 수준으로 생각한다면 어떤 문제도 해결할 수 없다."

공간 웹은 생각의 새로운 수준을 연다. 현재 직면한 어마어마한 문제를 분석하고 해결하는 새로운 방법은 스마트 트윈의 개념에서 시작된다. 우리는 산업과 도시, 국가를 넘어 전 세계를 디지털 정보로 바꿔가면서, 지구의 스마트 트윈를 만들어낼 것이다. 다양한 시스템과 그것이 우리와 우리 환경에 미치는 영향을 거의 실시간으로 측정하는 살아 있는 시스템으로써 점점 더 정확한 지구의 디지털 모형을 획득할 것이다.

이 모형은 온라인으로 3D 위키어스WikiEarth 같이 모든 사람이 관찰하고

3　Impact Investing. 수익 창출과 함께 사회·환경 문제 해결에 힘쓰는 기업에 투자 - 옮긴이

사용할 수 있다. 스마트 트윈은 정확하게 측정해 결정을 알릴 수 있기 때문에 글로벌 컨버세이션의 질을 향상시킨다. 이제 정치인들은 어떤 것이 뜨겁고 차가운지를 놓고 논쟁하지 않을 것이다. 우리 스스로 그 온도를 읽을 수 있다. 점점 더 정확해지는 모형으로 대규모의 복잡한 시뮬레이션을 돌리고 다른 유형의 예측 분석을 수행해 진정으로 지속 가능한 해결 방안을 찾을 수 있다. "만약 …라면What If"이라는 질문을 계속하면서 실시간으로 우리의 결정이 미칠 영향을 확인할 수 있는 거대한 3D 스프레드시트라고 생각하면 된다. 전 세계 모든 곳에서 모든 유형의 연구원이 이 새로운 도구를 이용해 우리가 직면한 문제를 해결할 것이다. 이것은 전 세계적 규모의 문제를 완전히 새로운 메타 수준으로 생각하는 사이버네틱 사고Cybernetic Thinking다.

UN은 모두를 위한 지속 가능한 미래를 목표로 17개의 지속 가능 발전 목표SDGs, Sustainable Development Goals를 정했다. SDGs는 반드시 해결해야 할 사회적·환경적 문제를 다룬다. 그리고 기하급수 기술의 모든 이점을 실현하기 위한 계획과 방법을 제시한다. 이러한 글로벌 과제를 해결하지 않는다면 많은 사람이 삶을 영위할 수 없게 된다.

공간 웹의 글로벌 협업 기능과 더불어, 활동을 감지하는 IoT, 결과를 측정 및 예측하는 AI, 학습, 경험, 공유하는 AR·VR 몰입형 공간, 스마트 트윈의 능력을 활용하면, 우리가 이행해야 하는 UN의 지속 가능 발전 목표와 같은 심각한 문제에 실질적 변화를 가져올 임팩트 프로젝트의 규모와 수를 달성하는 데 필요한 돌파구를 제공할 수 있다.

기업과 정부가 개별 공간 컴퓨팅 프로젝트를 구현하고 공간 웹을 통해 이를 함께 네트워크화함에 따라, 그들은 각각 공간 운영Spatial Operation의 운영 효율성을 실현하기 시작할 것이다. 공간 운영은 AI를 활용해 이 프로젝트의 공간 분석Spatial Analysis을 지속적으로 수행할 수 있다. 공간 분석은 더 적은 자원으로 동일하거나 더 나은 성과를 달성하는 방법을 지속적으로 식별하는 공간 최적화Spatial Optimization로 이어질 수밖에 없다. 공간 웹이 웹 1.0, 웹 2.0과 유사한 방식으로 지구 전역에 퍼지면서, 우리는 강력한 실시간 시각화, 인터페이스 및 플랫폼으로 정확한 스마트 트윈을 보유한 지속 가능한 스마트 지구Smart Sustainable Planet를 실현하기 위해 앞으로 나아갈 것이다.

탑다운top down(하향식) 보다는 바텀업bottom up(상향식) 방식으로 봤을 때 공간 웹은 특정 임팩트 프로젝트Impact Project로 우리를 돕는다. 실행 중인 공간 웹을 예로, 전 세계의 취약한 지역에 메디컬 클리닉Medical Clinic을 설립하는 방법을 살펴보자. 디지털 트윈의 능력을 사용해 우리는 클리닉의 설계, 구축, 운영, 유지 및 복제를 위한 완전히 새로운 방법을 만들어낼 수 있다.

설계 프로세스부터 시작해보자. 공간 웹에는 가상 현실 인터페이스가 있기 때문에 모든 사람이 스마트 트윈으로 실제 규모의 클리닉을 설계해볼 수 있다. 설계도는 필요하지 않다. 설계가 진행되는 동안, 클리닉을 이용할 다양한 커뮤니티를 포함해 누구든지 건물 시뮬레이션을 살펴보고 설계자에게 피드백을 제공할 수 있다. 이해관계자 커뮤니티에는 의료 및 행정 직원, 클리닉을 이용할 이웃 사람들, 장비와 인프라를 제공하는 공급업체, 보험사, 규제 기관 등이 포함된다. 이러한 커뮤니티로부터 받은 피드백을 설계에 포함해 모든 이해관계자는 고도로 정제된 최종 설계에 서명할 수 있다. 건축가가 설계를 마친 최종 시공 문서 역시 건물의 3D 스마트 트윈이지만 마지막 너트와 볼트까지 모든 부품이 구체적으로 명시된다.

이제 재밌는 부분이 시작된다. 클리닉을 건설하고 운영하는 데 사용되는 부품마다 다양한 공급 업체가 입찰하며 건물의 최종 비용을 고정할 수 있다. 공간 웹에는 데이터 계층에 블록체인 기술을 포함하기 때문에 건물의 모든 부품은 스마트 계약으로 연결돼 자재가 작업 현장에 도착하면 자동으로 결제된다. 이로써 모든 부정행위와 거의 모든 오류를 제거할 수 있다.

공간 웹 기술을 사용한 클리닉 건물의 구축은 레고 장난감 조립과 비슷하다. 구축 과정의 모든 부분을 프로그래밍하고 지정된 순서대로 만드는 과정은 레고 키트를 조립하는 것과 유사하다. 이 단계에서 증강 현실 기술이 매우 중요한데, 완성되면 있어야 할 정확한 위치에 건물이 서 있는 모습을 시뮬레이션으로 볼 수 있다. 이것은 건축 과정에서 시각적 가이드 역할을 한다. 커다란 종이에 그려진 설계도면은 이제 없다. 도면은 당신의 눈앞에 완전한 3차원 형태로 존재한다. 당신은 완성된 건물의 모습을 볼 수 있거나 건설 과정의 모든 단계에서 건물을 확인할 수 있다.

건물의 스마트 트윈은 건물이 완성되면서 실시간으로 업데이트돼 여러 도시, 주, 연방 검증 팀의 검사와 인증에 유용하다. 시간을 앞뒤로 스크러

빙하고 건물 구조의 모든 단계를 볼 수 있는 능력을 3차원의 공간에 시간을 더한 4D 뷰라고 한다. 앞에서 언급했듯, 디지털 트윈의 4D 시각화와 블록체인 데이터 무결성 및 공간 계약을 연결해 동기화하면, 이것이 바로 스마트 트윈이 된다.

공사를 진행하는 동시에 VR로 스마트 트윈 건물에서 직원을 교육할 수 있다. 완공이 가까워짐에 따라, 모든 직원이 클리닉의 다양한 부서에서 교육을 마치고, 건설업자는 소유자나 운영자에게 매우 원활하게 인수인계한다.

여기에서 우리는 완전히 지어져 운영되는 물리적 건물 그리고 모든 건설 이력, 자재 출처, 법적 계약 및 검증 가능한 정보가 포함된 완벽한 디지털 사본인 스마트 트윈, 이렇게 두 가지 버전의 클리닉을 갖게 된다. 이제는 클리닉의 운영을 지켜보며 이것으로 학습할 수 있다. 머신 러닝의 하나인 인공 지능이 시간 경과에 따른 클리닉의 실제 사용을 관찰하고 클리닉 운영에 필요한 수정 사항을 권고할 수 있다. 이를 공간 애널리틱스Spatial Analytics라 한다. 보유 중인 적절한 공간 권한으로 데이터를 조회하고 이런 데이터를 사용해 작업을 수정할 수 있으며, 때에 따라 건물이나 향후 클리닉의 실제 설계를 다른 곳에 구축할 수도 있다. 클리닉의 사본은 첫 클리닉에서 수집된 데이터를 사용해 전 세계 다양한 위치에 쉽게 만들 수 있으며 이후의 설계 반복을 업그레이드하고 개선할 수 있다.

이 과정을 좀 더 자세히 들여다보면, 공간 웹은 AI와 IoT, AR 또는 VR, 로봇공학과 블록체인 같은 모든 기하급수 기술을 상호 연결해 공간 운영 및 공간 애널리틱스의 전 지구적 피드백 루프feedback loop가 가능하도록 설계됐다. 이러한 상호 연결성은 이렇게 강력한 기술을 더 많은 지속 가능한 클리닉의 설립에 활용할 뿐만 아니라 지속 가능한 농장, 수자원 및 폐기물 관리, 공급망 및 도시 구축 등 좋은 방향으로 융합할 수 있다. 이러한 기술은 UN의 지속 가능 개발 목표로 설정된 글로벌 과제와 기회 운용에 필요한 정보와 자원을 측정하고 관리 및 조율하는 데 사용될 수 있다. 지리 공간적으로 정확한 3D 데이터베이스를 사용해 범용적으로 검증 가능하며 공유 가능한 단일 소스 저장소SSOT, Single Source of Truth의 기능을 하는 공간 웹은 인간 역사상 최초로 국가적·정치적 단체와 글로벌 비즈니스를 초월해 실행 가능한 새로운 수준의 국제 조정을 가능하게 만든다.

공간 웹 프로토콜인 HSTP는 궁극적으로 세계의 모든 것에서 웹을 만들어낼 것이다. 이것은 모든 것과 모든 사람을 연결하는 새로운 지구 신경계로 작용할 것이다. 우리는 이제 병원, 캠퍼스, 공장, 도시, 국가, 최종적으로 전 세계의 스마트 트윈을 항상 정확하게 만들어낼 수 있다. 인간의 기본적 가치는 인공 지능 및 블록체인 기술로 탄력을 받을 때, 현대 사회의 운영에 관련된 에너지 흐름, 물류 및 기타 모든 것을 능률적으로 활용할 수 있다. 이것은 지속 가능 시스템을 구축 및 자동화하고 지속 불가능한 활동을 빠르게 식별하는 데 사용돼 현재 직면한 세계적 문제를 바로잡거나 해결할 수 있다. 공간 웹으로 우리는 지속 가능한 스마트 지구로 나아가는 명확한 길을 닦을 수 있다.

스마트 월드는 디지털로 강화된 모든 '스마트 사물smart things'을 하나의 전체론적 시스템으로 지속적으로 다 함께 연결하는 공간 웹의 필연적 결과물이다. 지구의 이러한 디지털 업그레이드는 완전히 새로운 현실을 가능하게 만드는 통합적이고 상호 연결된 디지털 네트워크 경제에서 모든 것을 연결한다.

그런데 '현실'이라는 단어는 정확히 무엇을 의미할까?

현실의 진화

인간이 1758년 '현대 분류학의 아버지' 칼 폰 린네Carl Linnaeus가 처음 만들어낸 용어인 '지혜가 있는 사람wise man'으로 불리는 호모 사피엔스Homo sapiens가 아니라면 어떻게 될까? '지혜'나 '스마트함'이 목적이 아닌 수단이라면 어떻게 될까? 비록 우리가 **호모 에렉투스**(직립한 사람), **호모 하빌리스**(손재주 있는 사람이나 도구를 쓰는 사람)를 포함한 생물학적 조상과 본질적으로 연결돼 있지만, 우리는 과거만으로 정의되지 않는다. 이는 현대 시대에 인간의 종을 진정으로 정의하는 것은 우리와 우리의 도구가 만들어낸 결과다. 어쩌면 인류를 **호모 리얼리타스**('자신의 현실을 만들어내고 재구성하는 종')로 묘사하는 것이 더 정확할 것이다.

이것이 도구와 기술의 진짜 목적이며 기능이다. 우리의 몸과 감각, 두뇌, 상상력을 세계로 확장하는 것. 우리의 생각을 공유하고 이를 함께 발전시켜 우리의 현실과 삶을 더 쉽고, 더 유용하고, 더 안전하고, 더 즐겁게 만드는 것.

> "우리는 도구를 만들고 그 후엔 이 도구가 우리를 만든다."
> **J.M. 컬킨**(Culkin), **마셜 매클루언**(Marshall Mcluhan) 관련,
> 새터데이 리뷰(Saturday Review), 1967년

모든 기술을 확장된 기술이라고 생각해보자. 기술은 현실을 바꾸기 위해 설계됐으며 그 과정에서 기술은 우리 또한 바꾼다. 오늘날 많은 사람이 증강 현실, 혼합 현실, 가상 현실 등 '현실' 기술의 조합을 'XR^extended reality(확장 현실)'로 언급하는 것은 놀라운 일이 아니다. 진화 과학에서 동물과 도구, 환경의 관계는 형질 발현^phenotypic expression으로 설명한다. 이는 공동 진화 과정이다. 인간은 개인의 현실을 공동 현실의 일부로 확장하기 위해 도구를 만든다.

인간의 마음은 지구상 그 어떤 종에서도 찾아볼 수 없는 완전히 놀라운 기술을 갖고 있다. 우리는 이것을 '마음의 눈^mind's eye'이라고 일컫는다. 이것을 사용해 마음속에서 고도의 복잡한 3D 공간 시뮬레이션을 실행할 수 있다. 불행하게도 아직은 텔레파시를 개발하지 못했기에 마음속 시뮬레이션을 공유할 수 없다. 음성 언어나 텍스트, 그림 등 더욱 간단한 매체와 프로토콜로 변환해야만 마음속 세계의 다차원 내부 모형을 공유할 수

있다. 우리가 함께 공유하고 싶은 대부분 내용이 이러한 변환 과정에서 사라졌다는 점을 염두에 둬야 한다.

마음의 눈에서 3D 모형과 시뮬레이션을 만들어내는 고유한 기술을 '개인 가상 현실PVR, Personal Virtual Reality'로 한번 설명해보겠다. 우리 내면의 경험을 다른 사람과 공유하기 위해, 이를 전달할 수 있는 프로토콜을 끊임없이 개발해왔다. 하지만 공유하려면 그 세계에 대한 우리의 본래 타고난 공간적 이해는 줄어들고 분해돼 훼손될 수밖에 없다. 공유 과정에서 개인 가상 현실PVR은 다른 매체로는 효과적으로 포착할 수 없는 충실성(정확도)과 뉘앙스 및 맥락을 잃어버린다.

언어는 개인 가상 현실을 다른 사람에게 전달하기 위해 사용된 최초의 주요 프로토콜이었다. 부족 전체의 장기 공용 데이터 저장 매체long-term public data storage로 사용되던 동굴과 벽은 의식을 위한 최초의 퍼블릭(공용) ARPublic AR 극장으로 제공됐다.

이후에도 시대별로 존재한 개인 VR 시뮬레이터를 사용해 우리와 타인의 삶을 개선할 새롭고 더 나은 방법을 꿈꿔왔다. 우리는 현실을 더 쉽고, 더 유용하고, 더 안전하고, 더 즐겁게 만들어왔다. 현실을 바꾸거나 증강할 수 있는 도구를 사용해왔다. 아키텍처, 제품, 기계, 음악, 예술 등 그동안 설계하고 구축 및 개발해왔던 모든 것은 그저 퍼블릭 AR이었다. 우리의 창작물이 퍼스널(개인) VR을 피드백 루프가 되는 퍼블릭 AR로 변환해, 그 피드백 루프가 채택된 새로운 프라이빗 VRPrivate VR 시뮬레이션을 트리거하면 새로운 퍼블릭 AR 창작물이 된다. 또한 이 피드백 루프는 개인적·문화적 진화의 엔진이 된다.

> "신화는 사회가 꾸는 집단적 꿈이고 꿈은 개인적 체험이다."
> **조지프 캠벨**(Joseph Campbell)

우리의 다양한 언어와 매체는 진화하면서 내부의 프라이빗 VR을 전달하고 공유할 수 있는 퍼블릭 AR로 변환하는 능력을 점진적으로 키워왔다.

소리와 몸짓, 동굴 벽화로 시작된 것이 소리와 몸짓, 생생한 몰입형 디지털 경험(현대 동굴 벽화)으로 발전할 것이다.

인공 지능의 도움으로 공간 웹은 언젠가 3D 범용 디지털 언어의 출현을 이끌 수도 있다. 이 시각적이고 감각 운동적인 언어는 구어나 문어, 또는 2D 기호 및 형태에 얽매이지 않으며 문화를 뛰어넘는 이상적인 글로벌 언어로 나타날 것이다. 마치 텔레파시처럼, 즉각적이고 효율적으로 내면의 감정과 마음의 눈으로 보는 것을 공유할 수 있다. 우리는 마침내 이렇게 말할 수 있을 것이다. "네 말이 무슨 뜻인지 알겠다." 그리고 그것은 오해의 소지 없이, 가장 직관적이며 자연스러운 방식으로 서로 소통하고 공유함으로써 우리의 가장 깊은 욕망 중 하나를 충족시킬 것이다. 이러한 언어 및 이해의 강력하며 혁명적인 변화로 우리는 단순한 의사소통을 넘어 그 이상의 새로운 영역, 우리가 함께 놀고 함께 살 수 있는 현실을 실시간으로 함께 만들어내는 영역을 탐색할 수 있다.

인류는 현실 엔진(Reality Engine)이다

우리는 농업, 산업 및 정보화 시대에서 발명한 도구와 기술로 손과 발부터 시작해 다른 근육과 감각을 확장하고 마지막으로 두뇌를 확장했다. 공간 웹 스택의 핵심 기술은 언제나 그랬듯, 우리의 구체화된 능력을 세계로 확장하는 주제의 연장선을 나타낸다.

> XR = 입력 / 출력 감지
> IoT = 신체 / 근육 / 세포 / 감각
> AI = 두뇌 / 마음
> 블록체인 / 에지 = 메모리 저장소 / 감각 뉴런

각각의 기하급수 기술은 그 자체로 강력하다. 각자 단독으로도 우리의 세계와 현실을 전례 없는 방식으로 변화시킬 수 있다. 그렇지만 앞으로 수십 년 동안, 특히 바이오 기술과 나노 및 퀀텀 기술이 포함된 기하급수 기술의 융합이 적용되고 미치는 영향은 너무나 중요한 기회를 제공한다. 우리는 그동안 도구를 사용해 글로벌 커뮤니케이션, 상거래 및 콘텐츠 공유가 가능한 놀라운 세계를 만들었다. 하지만 우리 자신을 비롯해 다른 사람의 생존을 위기로 몰아넣는 데에도 이를 사용했음을 알고 있다.

그러나 희망은 있다. 역사적으로 가장 강력한 무기로 현실을 만들고 재구성하기 때문이다. 작은 부족, 도시 국가 또는 국가뿐만 아니라 전 세계를 위해 현실을 더 쉽고, 더 유용하고, 더 안전하며, 더 즐겁게 만들 수 있다. 또한 스마트 월드를 만들 수 있다. 프라이빗 VR에서 상상할 수 있다면, 공유된 퍼블릭 AR을 통해 이를 만들어낼 수 있다.

공간 웹은 오늘날 필요한 최고의 매체를 제공하고 프라이빗 VR에서 도구(AI와 기계)를 사용해 구상할 수 있는 최고의 아이디어를 투영해 집합적인 퍼블릭 AR인 세계를 모두가 공유하고 수정 및 관리할 수 있다. 이것이 최선을 다하는 것임이 밝혀졌다. 인류는 현실 엔진이다. 지금 우리 앞에 놓인 질문은 이것이다.

기하급수 기술 융합의 엄청나고 막강한 힘으로, 우리는 어떠한 현실을 선택해 만들 것인가?

에필로그

"결국 우리 모두는 이야기가 될 것이다."
— **마가렛 애트우드**(Margaret Atwood)

"우리는 탐험을 멈추지 않을 것이다.
그리고 이 모든 탐험의 끝은 우리가 시작했던 곳에 도달하는 것이며
비로소 처음으로 그곳이 어디인지 알게 될 것이다."
— **T.S. 엘리엇**(T.S. Eliot)

찾아보기

공간 웹

웹 3.0 시대의 기술이 삶, 비즈니스, 사회에 미치는 영향

발 행 | 2021년 2월 26일

옮긴이 | 심 주 연
지은이 | 가브리엘 르네 · 댄 메이프스

펴낸이 | 권 성 준
편집장 | 황 영 주
편 집 | 김 진 아
         임 지 원
디자인 | 윤 서 빈

에이콘출판주식회사
서울특별시 양천구 국회대로 287 (목동)
전화 02-2653-7600, 팩스 02-2653-0433
www.acornpub.co.kr / editor@acornpub.co.kr

한국어판 ⓒ 에이콘출판주식회사, 2021, Printed in Korea.
ISBN 979-11-6175-501-4
http://www.acornpub.co.kr/book/spatial-web

책값은 뒤표지에 있습니다.